BAEDEKER

100+1 Fakten
Das muss jeder Hamburger wissen.

www.baedeker.com

Verlag Karl Baedeker

INHALT

Grundlagen

1

Verfassung

Die Verfassung wurde am 6. Juni 1952 von der Bürgerschaft verabschiedet.

I. DIE STAATLICHEN GRUNDLAGEN

Artikel 1
Die Freie und Hansestadt Hamburg ist ein Land der Bundesrepublik Deutschland.

Artikel 2
(1) Das Hoheitsgebiet der Freien und Hansestadt Hamburg umfasst das bisherige durch Herkommen und Gesetz festgelegte Gebiet. Gebietsveränderungen bedürfen eines die Verfassung ändernden Gesetzes.
(2) Durch Staatsvertrag können Einrichtungen, insbesondere Behörden, geschaffen werden, die der Freien und Hansestadt Hamburg und anderen Ländern gemeinsam sind. Ebenso kann die Freie und Hansestadt Hamburg sich an solchen Einrichtungen beteiligen.

Artikel 3
(1) Die Freie und Hansestadt Hamburg ist ein demokratischer und sozialer Rechtsstaat.
(2) Alle Staatsgewalt geht vom Volke aus. Sie wird nach Maßgabe der Verfassung und der Gesetze ausgeübt. Sie hat auch die Aufgabe, die rechtliche und tatsächliche Gleichstellung von Frauen und Männern zu fördern. Insbesondere wirkt sie darauf hin, dass Frauen und Männer in kollegialen öffentlich-rechtlichen Beschluss- und Beratungsorganen gleichberechtigt vertreten sind.

Artikel 4
(1) In der Freien und Hansestadt Hamburg werden staatliche und gemeindliche Tätigkeit nicht getrennt.
(2) Durch Gesetz sind für Teilgebiete (Bezirke) Bezirksämter zu bilden, denen die selbstständige Erledigung übertragener Aufgaben obliegt. An der Aufgabenerledigung wirken die Bezirksversammlungen nach Maßgabe des Gesetzes mit.
(3) Die Bezirksversammlungen werden in allgemeiner, unmittelbarer, freier, gleicher und geheimer Wahl gewählt. Wahlvorschläge, nach deren Ergebnis sich die Sitzanteile in den Bezirksversammlungen bestimmen, werden nur berücksichtigt, wenn sie mindestens drei vom Hundert der insgesamt auf solche Wahlvorschläge abgegebenen gültigen Stimmen erhalten haben. (...)

Artikel 5
(1) Die Landesfarben sind weiß-rot.
(2) Das Landeswappen zeigt auf rotem Schild die weiße dreitürmige Burg mit geschlossenem Tor.
(3) Die Landesflagge trägt die weiße Burg des Landeswappens auf rotem Grund.
(4) Das Gesetz bestimmt das Nähere über die Flagge und das Wappen.

Flagge & Wappen

Die Burg auf allen Stadtsymbolen hat ihren Ursprung im Stadtsiegel aus dem 12./13. Jahrhundert. Der zentrale Turm steht vermutlich für den mittelalterlichen Dom. Die Seitentürme tragen sog. Mariensterne nach der Schutzpatronin Hamburgs.

Flagge (seit 1834)

Großes Staatswappen

Kleines
Staatswappen

Admiralitätswappen
(staatliche Seeschifffahrt)

Hamburg-Symbol
(frei verwendbar)

3

Hymne

Seit 1890 wird die Landeshymne bei offiziellen Anlässen vorgetragen. Ursprünglich bestand das Lied aus sieben Strophen, von denen heute nur vier gesungen werden.

Stadt Hamburg an der Elbe Auen
(Hammonia)

1. *Stadt Hamburg an der Elbe Auen,*
    Wie bist du stattlich anzuschauen!
    Mit deinen Türmen hoch und hehr
    Hebst du dich schön und lieblich sehr.
    Heil über dir, Heil über dir,
    Hammonia, Hammonia!
    O wie so herrlich stehst du da.

2. *Reich blühet dir auf allen Wegen*
    Des Fleißes Lohn, des Wohlstands Segen.
    So weit die deutsche Flagge weht
    In Ehren Hamburgs Namen steht.
    Heil über dir, Heil über dir,
    Hammonia, Hammonia!
    O wie so herrlich stehst du da.

3. *In Kampf und Not bewährt aufs Neue*
    Hat sich der freien Bürger Treue
    Zur Tat für Deutschlands Ruhm bereit
    Wie in der alten Hansezeit.
    Heil über dir, Heil über dir,
    Hammonia, Hammonia!
    O wie so herrlich stehst du da.

4. *Der Becher kreis' in froher Runde*
    Und es erschall aus Herz und Munde
    Gott wolle ferneres Gedeih'n
    Der teuren Vaterstadt verleih'n.
    Heil über dir, Heil über dir,
    Hammonia, Hammonia!
    O wie so herrlich stehst du da.

Urtext: Georg Nikolaus Bärmann

Melodie: Albert Methfessel, 1828

Geografische Lage

geografischer Mittelpunkt Hamburgs: 53° 34' 8'' N, 10° 1' 44'' O

Flensburg — 141 / 156

Sassnitz — 262 / 322

Frankfurt a. d. Oder — 312 / 356

Aachen — 408 / 486

Saarbrücken — 523 / 670

Garmisch-Partenkirchen — 678 / 857

Entfernung in Luftlinie / Straßenentfernung in km

Stadt
Land
Fluss

5

Bezirke

Hamburg gliedert sich in sieben Bezirke.

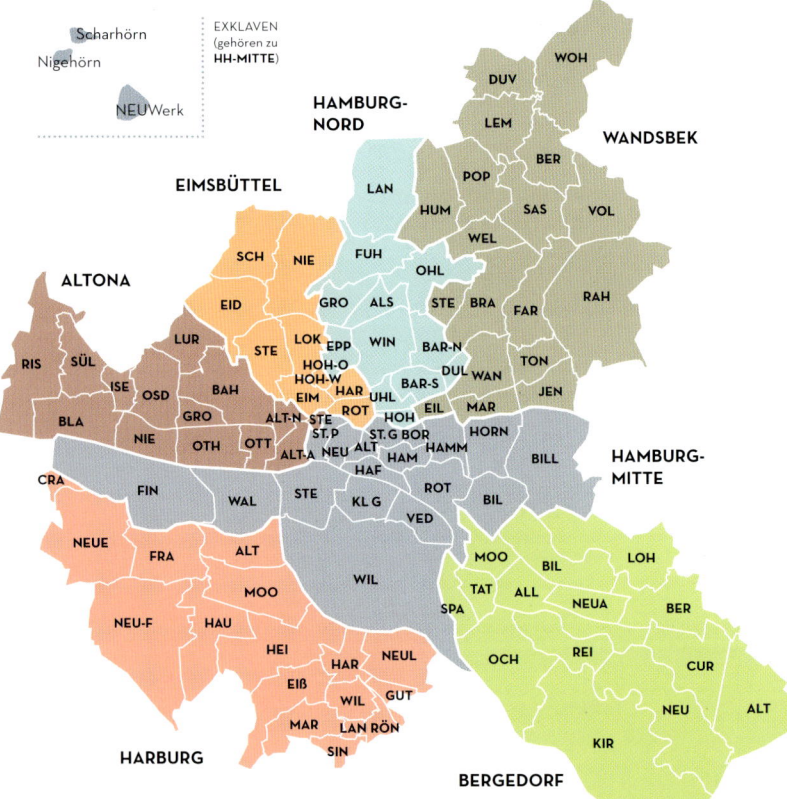

Scharhörn

Nigehörn

EXKLAVEN
(gehören zu
HH-MITTE)

NEUWerk

WOH

DUV

HAMBURG-
NORD

LEM

WANDSBEK

BER

POP

EIMSBÜTTEL

LAN

HUM

SAS

VOL

SCH

NIE

FUH

WEL

ALTONA

OHL

EID

GRO

ALS

STE

BRA

FAR

RAH

LUR

LOK

EPP

WIN

BAR-N

STE

HOH-O

DUL

TON

RIS

SÜL

HOH-W

BAR-S

WAN

ISE

OSD

BAH

GRO

EIM

HAR

UHL

EIL

JEN

MAR

BLA

NIE

OTH

OTT

ALT-N

STE

HOH

HORN

ST. P

ST. G

BOR

CRA

ALT-A

NEU

ALT

HAM

HAMM

BILL

HAMBURG-
MITTE

FIN

WAL

STE

HAF

ROT

BIL

NEUE

FRA

ALT

KL G

VED

MOO

BIL

LOH

TAT

ALL

NEUA

BER

MOO

WIL

SPA

NEU-F

HAU

OCH

REI

CUR

HEI

HAR

NEUL

EIß

WIL

GUT

NEU

ALT

HARBURG

MAR

LAN RÖN

SIN

KIR

BERGEDORF

Stadtteile

Die Bezirke umfassen 104 Stadtteile.

HH-MITTE

ALTstadt
BILlbrook
BILLstedt
BORgfelde
FINkenwerder
HAFenCity
HAMmerbrook
HAMM
HORN
KLEiner Grasbrook
NEUstadt
NEUWerk

ROThenburgsort
ST. Pauli
ST. Georg
STEinwerder
VEDdel
WALtershof
WILhelmsburg

ALTONA

ALTona-Altstadt
ALTona-Nord
BAHrenfeld
BLAnkenese
GROß Flottbek
ISErbrook
LURup
NIEnstedten
OSDorf
OTTensen
OTHmarschen
RISsen
STErnschanze
SÜLldorf

EIMSBÜTTEL

EIDelstedt
EIMsbüttel
HARvestehude
HOHeluft-West
LOKstedt
NIEndorf
ROTherbaum
SCHnelsen
STEllingen

HH-NORD

ALSterdorf
BARmbek-Nord
BARmbek-Süd
DULsberg
EPPendorf
FUHlsbüttel
GROß Borstel
HOHeluft-Ost
HOHenfelde
LANgenhorn
OHLsdorf
UHLenhorst
WINterhude

WANDSBEK

BERgstedt
BRAmfeld
DUVenstedt
EILbek
FARmsen-Berne
HUMmelsbüttel
JENfeld
LEMsahl-Mellingstedt
MARienthal
POPpenbüttel
RAHlstedt
SASel
STEilshoop
TONndorf
VOLksdorf
WANdsbek
WELlingsbüttel
WOHldorf-Ohlstedt

BERGEDORF

ALLermöhe
ALTengamme
BERgedorf
BILlwerder
CURslack
KIRchwerder
LOHbrügge
MOOrfleet
NEUAllermöhe
NEUengamme
OCHsenwerder
REItbrook
SPAdenland
TATenberg

HARBURG

ALTenwerder
CRAnz
EIßendorf
FRAncop
GUT Moor
HARburg
HAUsbruch
HEImfeld
LANgenbek
MARmstorf
MOORburg
NEUEnfelde
NEULand
NEUgraben-Fischbek
RÖNneburg
SINstorf
WILstorf

7

Metropolregion

Die Metropolregion Hamburg erstreckt sich über vier Bundesländer und umfasst 19 (Land-)Kreise bzw. kreisfreie Städte und ca. 1000 Orte. Die gesamte Region hat 4 990 307 Einwohner (EW).

SCHLESWIG-
HOLSTEIN
Schleswig-Holsteinischer Teil
1 731 276 EW

KREIS
DITHMARSCHEN

KREIS
OSTHOLSTEIN

NEU-
MÜNSTER

NORDSEE

EXKLAVEN

KREIS
STEINBURG

KREIS
SEGEBERG

LÜBECK

LANDKREIS
NORDWESTMECKLENBURG

KREIS
PINNEBERG

KREIS
STORMARN

LANDKREIS
CUXHAVEN

HAMBURG
1 734 272 EW

KREIS
HERZOGTUM
LAUENBURG

MECKLENBURG-
VORPOMMERN

Mecklenburger Te
276 078 EW

LANDKREIS
STADE

LANDKREIS
HARBURG

LANDKREIS
LÜNEBURG

ALT-LANDKREIS
LUDWIGSLUST

LANDKREIS
ROTENBURG (WÜMME)

NIEDERSACHSEN
Niedersächsischer Teil
1 248 681 EW

LANDKREIS
HEIDEKREIS

LANDKREIS
UELZEN

LANDKREIS
LÜCHOW-DANNENBERG

20 km

Wetter

Die vorherrschenden Westwinde bringen Hamburg maritime Einflüsse.

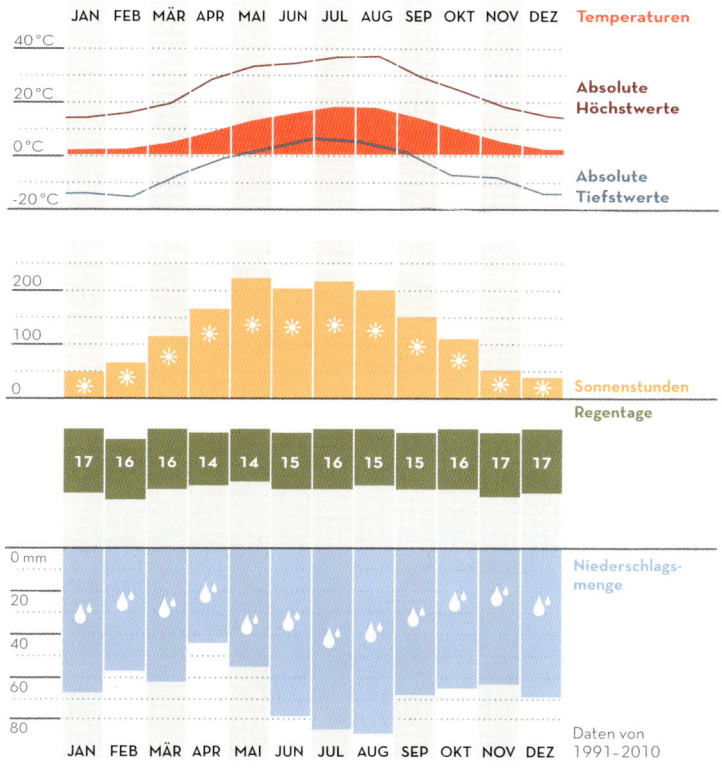

JAN FEB MÄR APR MAI JUN JUL AUG SEP OKT NOV DEZ

Temperaturen

40°C
20°C
0°C
-20°C

Absolute Höchstwerte

Absolute Tiefstwerte

200
100
0

Sonnenstunden

Regentage

| 17 | 16 | 16 | 14 | 14 | 15 | 16 | 15 | 15 | 16 | 17 | 17 |

0 mm
20
40
60
80

Niederschlagsmenge

JAN FEB MÄR APR MAI JUN JUL AUG SEP OKT NOV DEZ

Daten von 1991–2010

9

Gewässer

61 km² des Stadtgebiets sind Wasserflächen,
das entspricht ca. 8,1% der Gesamtfläche.

Oberflächengewässer
Gesamtlänge: 944 km
Schiffbare Gewässer in Hamburg: 258 km

Wichtige Flüsse
(Fließlängen in Hamburg)

ELBE 50,44 km

ALSTER 30,09 km

11 km schiffbar

BILLE 18,54 km

5 km schiffbar

SÜDERELBE 16,1 km

Badegewässer
Anzahl der offiziellen Badegewässer: 14 (inkl. Neuwerk)
Anzahl der Badestellen: 17

ALSTER

AUßENALSTER
Fläche 164 ha

Öjendorfer See

BINNENALSTER
Fläche 18 ha

ELBE

JUNGFERNSTIEG

NORDERELBE

Eichbaumsee

SÜDERELBE

BILLE

SEEVE-
KANAL

Außenmühlenteich

Neuländer
See

Hohendeicher
See

ELBE

10

Gezeiten

Die Unterelbe zwischen Cuxhaven und Geesthacht ist ein Tidegewässer:
Alle sechs Stunden wechselt der Wasserstand bei Ebbe und Flut von
Niedrig- zu Hochwasser. Der Gezeitenstrom (Strömung beim Steigen und
Fallen des Wasserstands) beträgt in Hamburg ca. 2,5 Knoten (ca. 4,6 km/h).

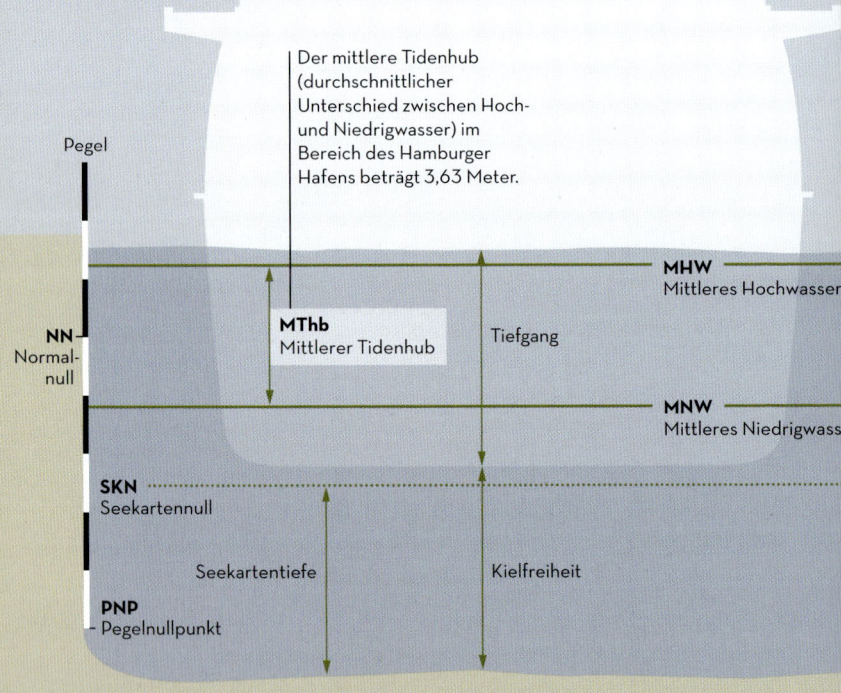

Der mittlere Tidenhub
(durchschnittlicher
Unterschied zwischen Hoch-
und Niedrigwasser) im
Bereich des Hamburger
Hafens beträgt 3,63 Meter.

Pegel

MHW
Mittleres Hochwasser

NN
Normal-
null

MThb
Mittlerer Tidenhub

Tiefgang

MNW
Mittleres Niedrigwass

SKN
Seekartennull

Seekartentiefe

Kielfreiheit

PNP
Pegelnullpunkt

Meeresboden

Springtide/Springflut
besonders starkes Hochwasser

Es entsteht, wenn Erde, Mond und Sonne auf einer Linie stehen und Mond und Sonne das Wasser in ihre Richtung anziehen. Das geschieht jeden Monat ein bis zwei Tage nach Neu- bzw. Vollmond.

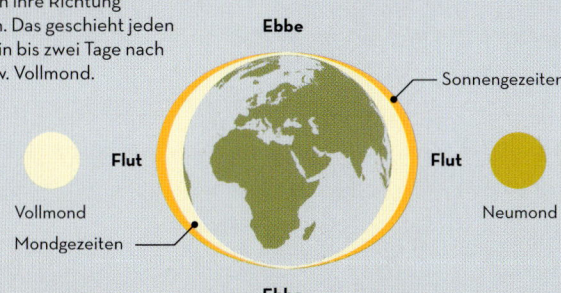

Ebbe

Sonnengezeiten

Flut

Vollmond

Mondgezeiten

Flut

Neumond

Ebbe

Sonne

Nipptide/Nippflut
besonders niedriger Wasserstand

Er tritt ein, wenn Erde, Mond und Sonne rechtwinklig zueinander stehen und die Anziehungskräfte von Mond und Sonne in unterschiedliche Richtungen wirken.

Letztes Monatsviertel

Flut

Ebbe

Sonnengezeiten

Ebbe

Mondgezeiten

Flut

Erstes Monatsviertel

Sonne

11

Höchste Erhebungen

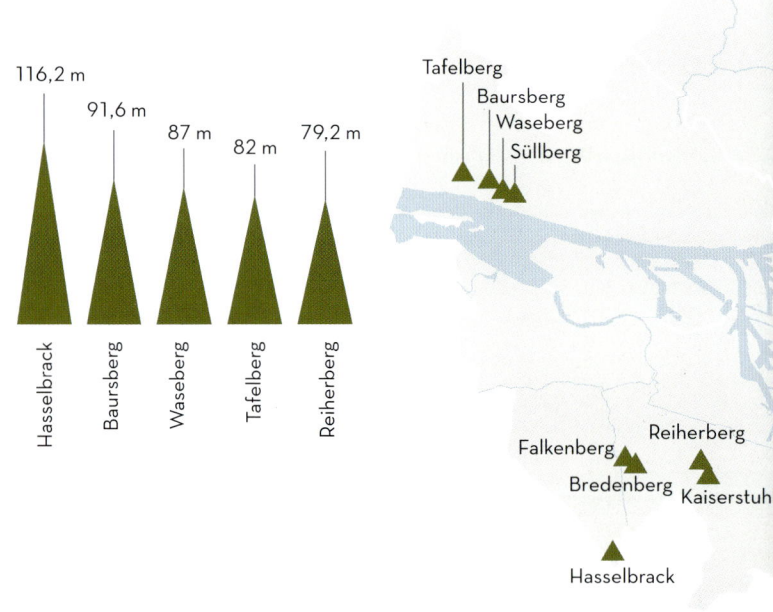

116,2 m

91,6 m

87 m

82 m

79,2 m

Hasselbrack

Baursberg

Waseberg

Tafelberg

Reiherberg

Tafelberg

Baursberg

Waseberg

Süllberg

Falkenberg

Reiherberg

Bredenberg

Kaiserstuhl

Hasselbrack

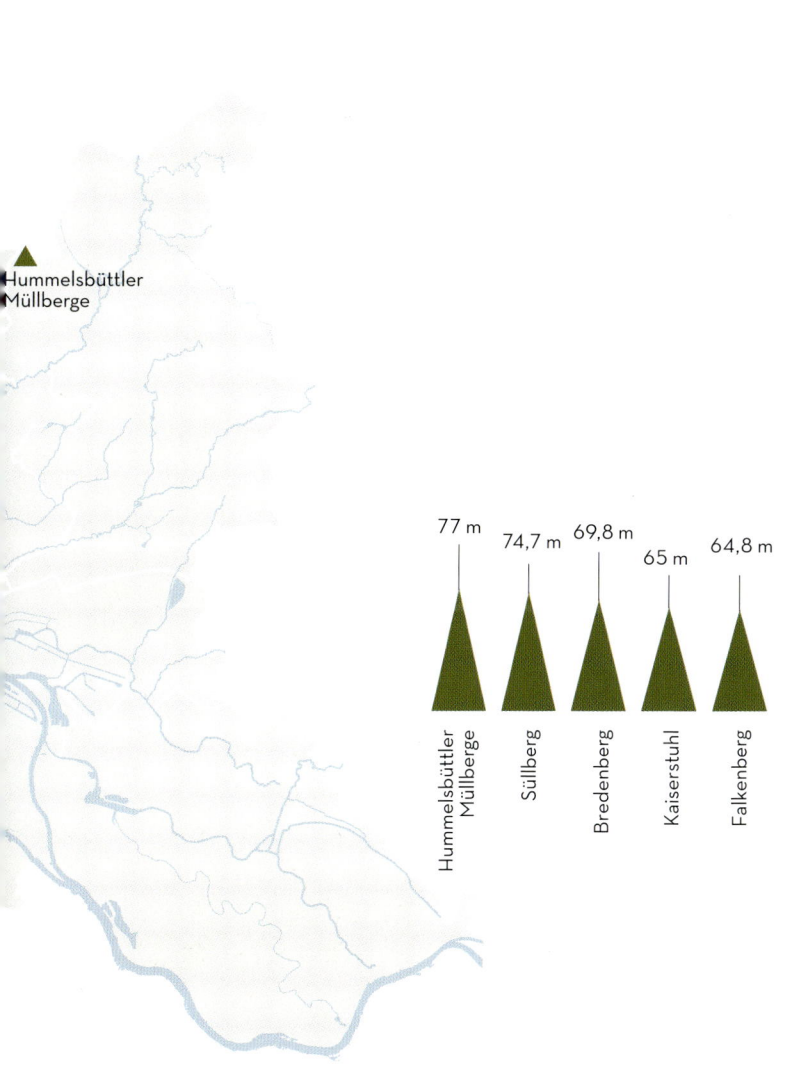

Hummelsbüttler
Müllberge

77 m

74,7 m

69,8 m

65 m

64,8 m

Hummelsbüttler
Müllberge

Süllberg

Bredenberg

Kaiserstuhl

Falkenberg

12

Wald, Wild & Naturschutz

Hamburg ist weltweit eine der am dünnsten besiedelten Metropolen. Mehr als 8 % der Stadtfläche sind als Naturschutzgebiet deklariert. Die Stadt gewährt mehr Tierarten einen Lebensraum als jede andere deutsche Großstadt. Die Artenvielfalt umfasst ca. 160 Vogelarten und mehr als 50 Säugetierarten.

Größte Naturschutzgebiete

1 857 ha	NSG Kirchwerder Wiesen
2 796 ha	NSG Moorgürtel
3 785 ha	NSG Duvenstedter Brook
4 763 ha	NSG Fischbeker Heide
5 645 ha	NSG Mühlenberger Loch/Neßsand
6 355 ha	NSG Boberger Niederung
7 278 ha	NSG Wohldorfer Wald
8 262 ha	NSG Höltigbaum
9 224 ha	NSG Borghorster Elblandschaft
10 222 ha	NSG Auenlandschaft Norderelbe

Die **Schwäne** auf der Alster gelten als Wahrzeichen der Stadt

Lachmöwe

Fuchs

Waldfläche

Parkfläche

Naturschutzgebiet

Vogelschutzgebiet

Wander-
falke

Seeadler

Hirsch

Uhu

Eichhörnchen

Iltis

Biber

13

Wattenmeer & Tiere

Der Nationalpark Hamburgisches Wattenmeer gehört zum
UNESCO-Weltnaturerbe und wird jährlich von bis zu
120 000 Menschen besucht.

Sturmmöwe

Seeadler

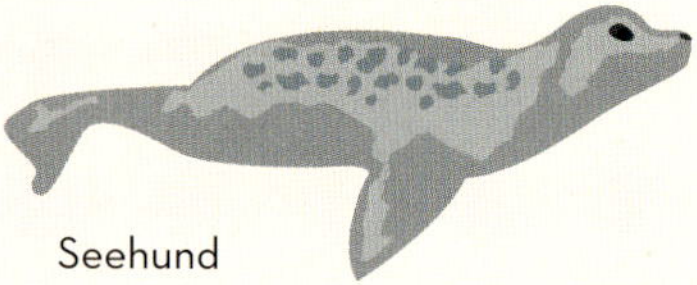

Seehund

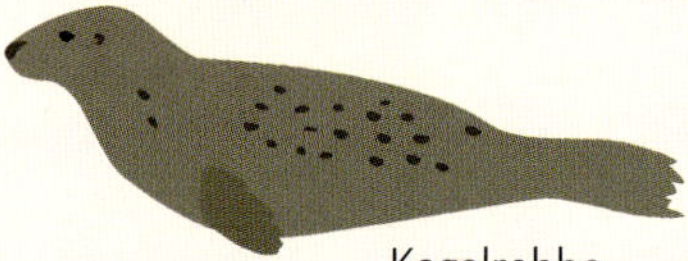

Kegelrobbe

**Fische in der Elbe
(Auswahl)**

Aal

Lachs

Barsch

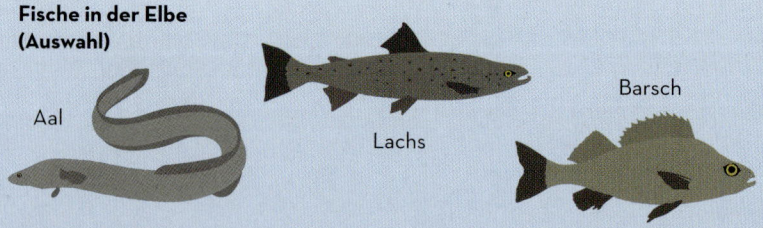

**Nationalpark
Hamburgisches
Wattenmeer**

Scharhörn

Nigehörn

Neuwerk

Cuxhaven

Küstenwatt

Vogelschutzgebiete

Naturschutzgebiete

Seevogel-Brutkolonie

Seehund-Ruheplatz

**Watt und Dünen
in Hamburg**

■ Watt

▲ Dünen

Holmer
Sandberge

Dünen
am Klövensteen

Flottbektal

Boberger Düne

Heuckenlock

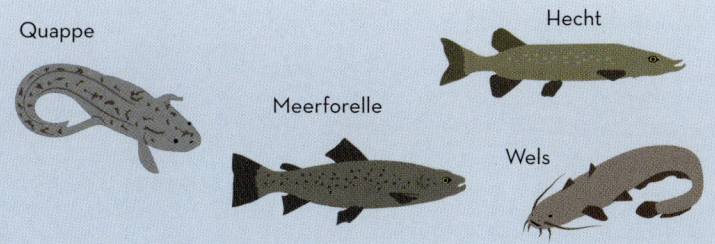

Austernfischer

Wattwurm

Quappe

Hecht

Meerforelle

Wels

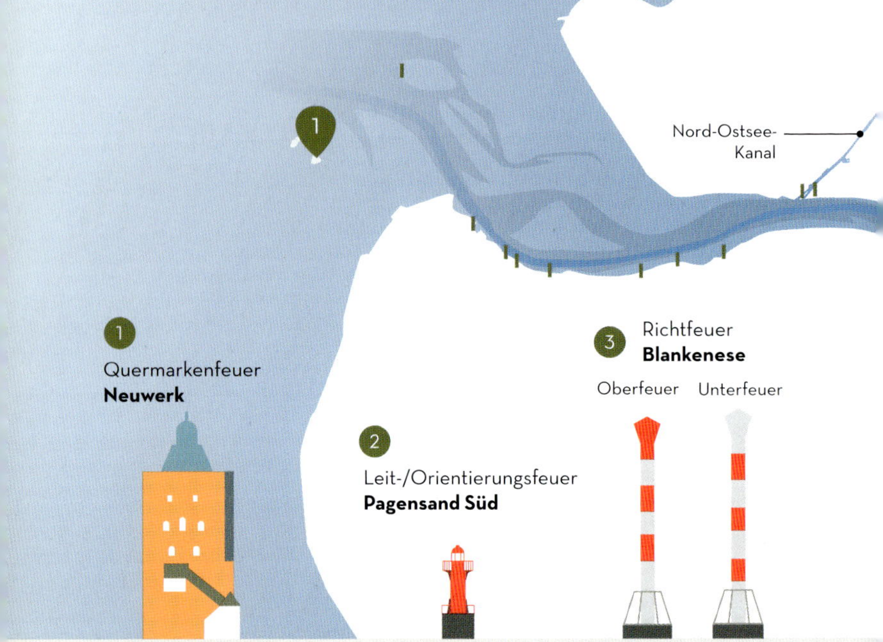

1
Nord-Ostsee-
Kanal
1
Quermarkenfeuer
Neuwerk
2
Leit-/Orientierungsfeuer
Pagensand Süd
3
Richtfeuer
Blankenese
Oberfeuer
Unterfeuer

Quermarkenfeuer bezeichnen Kursänderungsbereiche oder Grenzen des nutzbaren Bereichs von Richt- und Leitfeuern.

Leitfeuer bezeichnen Fahrwasser, Hafeneinfahrten oder freien Seeraum zwischen Untiefen.

Richtfeuer bestehen aus Ober- und Unterfeuer, die die Mitte des Fahrwassers kennzeichnen.

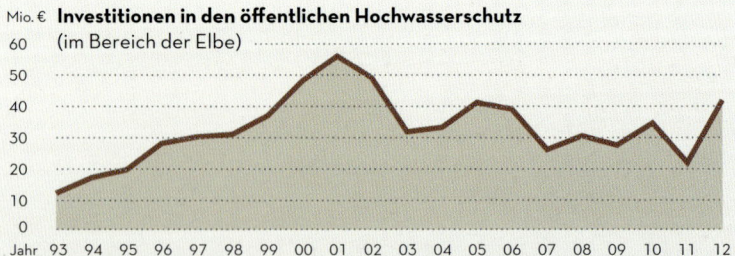

Investitionen in den öffentlichen Hochwasserschutz
(im Bereich der Elbe)

Mio. €
60
50
40
30
20
10
0
Jahr 93 94 95 96 97 98 99 00 01 02 03 04 05 06 07 08 09 10 11 12

14

Deiche & Leuchttürme

... sind für den Hochwasserschutz und Schiffsverkehr Hamburgs unverzichtbar. 43 aktive Leuchttürme säumen die Elbe ab der Hamburger Exklave Neuwerk bis in die Hamburger Mitte. 77,82 km Deiche und 25,41 km Hochschutzwände sollen die Hansestadt vor Sturmfluten schützen.

Hauptdeichlinie
— Erddeich
— Hochschutzwände

2

aktive
Leuchttürme

3

Deichaufbau

Binnenböschung

Außenböschung

Deich-
verteidigungs-
straße

Deichkrone

Hinterland

Entwässerungs-
graben

Bemessungs-
wasserstand

Freibord

Sandkern

Kleieschicht

Architektur

15

Hochhäuser

Hamburgs höchstes Bauwerk

Heinrich-Hertz-Turm
278 m

Elbphil-harmonie
110 m
(in Bau)

Radisson Blu Hotel
108 m

Mundsburg-Türme
bis 101 m

Emporio-Hochhaus
98 m

Berliner Tor Center
bis 90 m

Atlantic-Haus
88 m

Hermes-Hochhaus
86 m

Geomatikum (Universität)
85 m

Tanzende Türme
85 m

Brücken

Die zehn längsten Straßenbrücken Hamburgs

Hochstraße Elbmarsch ALTENWERDER/WALTERSHOF   3836,64 m

Köhlbrandbrücke STEINWERDER   3568 m

Harburg-Hochstraße (Fischbauchbrücke) HARBURG/WILSTORF   733 m

Alte Harburger Elbbrücke WILHELMSBURG/HARBURG   474,65 m

Europabrücke / Neue Süderelbbr. WILHELMSBURG/HARBURG   471 m

Brücke des 17. Juni WILHELMSBURG/HARBURG   471 m

Seehafenbrücke HARBURG   439 m

Hochstraßenrampe (K30) WALTERSHOF   417,5 m

Norderelbbrücke (K6) ROTHENBURGSORT   410,84 m

Langenfelde (K42) STELLINGEN   398,59 m

17

Denkmäler

Eine Auswahl der bekanntesten Denkmäler Hamburgs
Darstellung nicht proportional

Beatles-Platz
Große Freiheit
2008

**„Denkmal für die
Gefallenen beider
Weltkriege"**
an der Schleusen-
brücke 1930–1932

Kriegerdenkmal
am Dammtordamm
1936

Otto von Bismarck
Alter Elbpark
1901–1906

„Hummel"
Neustadt
1938

Hans Albers
Reeperbahn
1986

Störtebeker
HafenCity
1982

Heine
Rathausmarkt
1982

Zitronenjette
Neustadt
1986

**„Madonna
der Seefahrt"**
Fischmarkt in
St. Pauli
1985

Architekten

Diese Menschen prägten das Stadtbild von Hamburg.

MEINHARD VON
GERKAN &
VOLKWIN **MARG**
Bürogründung: 1965, Hamburg
Speicherstadt Block X, Deutsch-
Japanisches Zentrum

HERZOG &
DE MEURON
Bürogründung: 1978, Elbphilharmonie

WERNER
KALLMORGEN
1902–1979 Spiegel- & IBM-Hochhaus

HADI
TEHERANI
*1954 Dockland-Bürogebäude

GUSTAV
OELSNER
1879–1956
Stadtplaner, Architekt

GEORG
KALLMORGEN
1882–1924 Bausenator, Brahms-Kontor

FRITZ
HÖGER
1877–1949
Chilehaus

FRITZ
SCHUMACHER
1869–1947 Museum für Hamburgische
Geschichte, Davidwache

HANS **ZIMMERMANN** 1831–1911 Museum für Kunst und Gewerbe

FRANZ ANDREAS
MEYER
1837–1901
Schöpfer der
Speicherstadt

MARTIN
HALLER
1835–1925
Hamburger Rathaus,
Stellahaus

CARL LUDWIG
WIMMEL
1786–1845
Erster Baudirektor
Hamburgs

19

Kirchen

Hamburgs höchste Kirchen

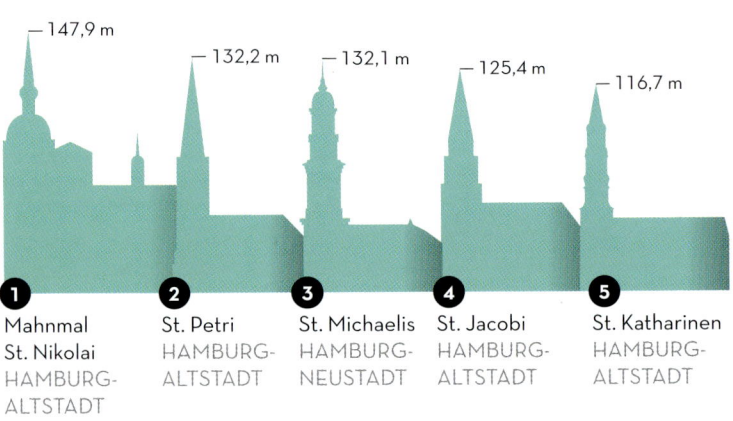

— 147,9 m

— 132,2 m

— 132,1 m

— 125,4 m

— 116,7 m

1 Mahnmal
St. Nikolai
HAMBURG-
ALTSTADT

2 St. Petri
HAMBURG-
ALTSTADT

3 St. Michaelis
HAMBURG-
NEUSTADT

4 St. Jacobi
HAMBURG-
ALTSTADT

5 St. Katharinen
HAMBURG-
ALTSTADT

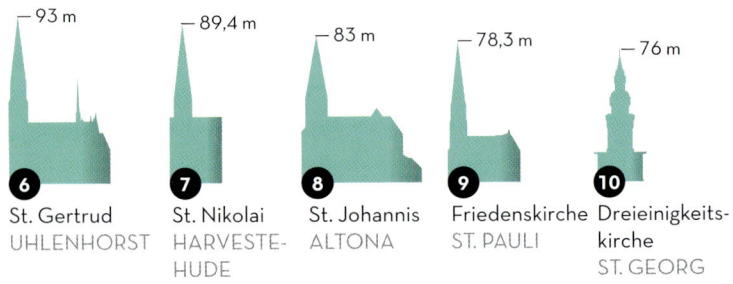

— 93 m

— 89,4 m

— 83 m

— 78,3 m

— 76 m

6 St. Gertrud
UHLENHORST

7 St. Nikolai
HARVESTE-
HUDE

8 St. Johannis
ALTONA

9 Friedenskirche
ST. PAULI

10 Dreieinigkeits-
kirche
ST. GEORG

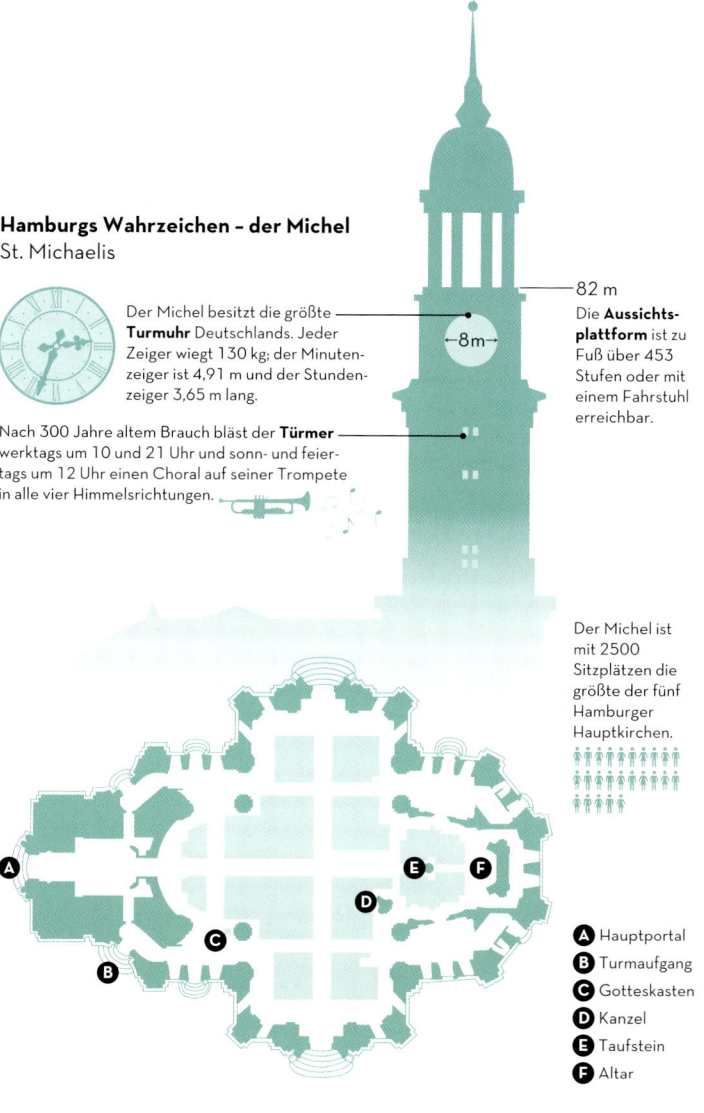

Hamburgs Wahrzeichen – der Michel
St. Michaelis

Der Michel besitzt die größte **Turmuhr** Deutschlands. Jeder Zeiger wiegt 130 kg; der Minutenzeiger ist 4,91 m und der Stundenzeiger 3,65 m lang.

Nach 300 Jahre altem Brauch bläst der **Türmer** werktags um 10 und 21 Uhr und sonn- und feiertags um 12 Uhr einen Choral auf seiner Trompete in alle vier Himmelsrichtungen.

←8m→

82 m
Die **Aussichtsplattform** ist zu Fuß über 453 Stufen oder mit einem Fahrstuhl erreichbar.

Der Michel ist mit 2500 Sitzplätzen die größte der fünf Hamburger Hauptkirchen.

Ⓐ Hauptportal
Ⓑ Turmaufgang
Ⓒ Gotteskasten
Ⓓ Kanzel
Ⓔ Taufstein
Ⓕ Altar

20

Backsteinarchitektur

Hamburg ist die Hochburg des Backsteinexpressionismus, der in den 1920ern besonders in Norddeutschland verbreitet war.
Eine Auswahl:

Beispielgebend für die hanseatische Kontorhaustradition

Brahms Kontor
1903–1931

Ein Hamburger Charakterhaus
von Fritz Höger. Als Kontorhaus
erbaut, wird es heute als Renais-
sance Hamburg Hotel genutzt

Broschek-Haus
1925–1926

Hier steht ein Ensemble aus
althamburgischen Bürger-
häusern und Fachwerkhäusern.

Deichstraße
18./19. Jh.

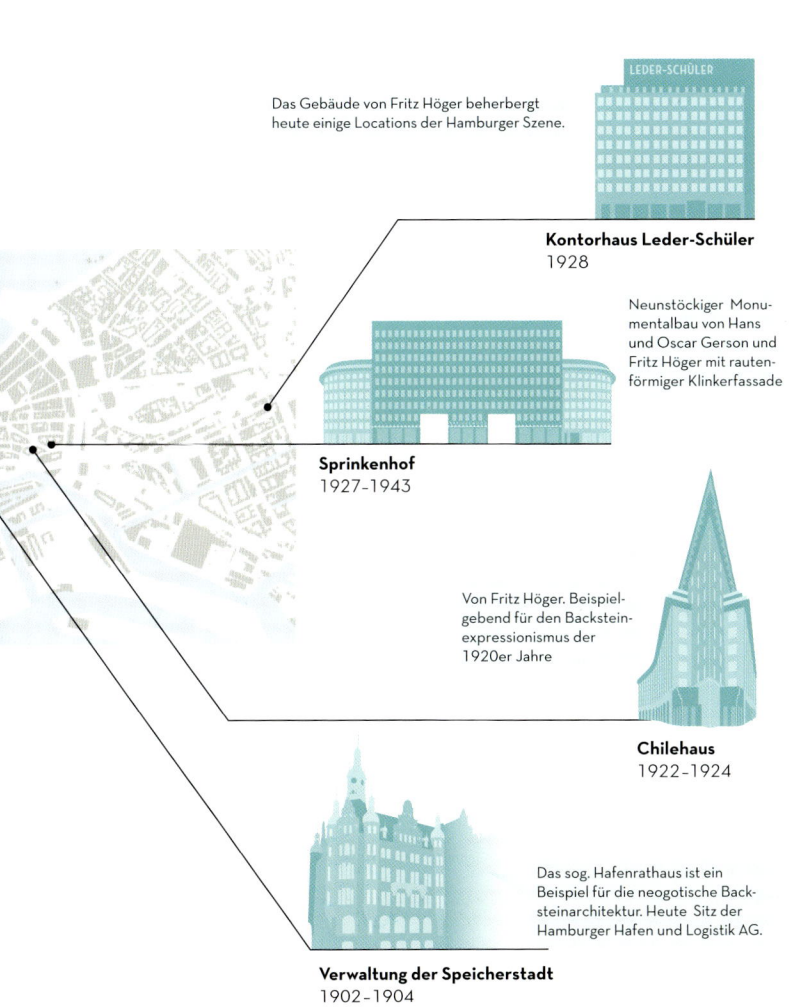

Das Gebäude von Fritz Höger beherbergt heute einige Locations der Hamburger Szene.

Kontorhaus Leder-Schüler
1928

Neunstöckiger Monumentalbau von Hans und Oscar Gerson und Fritz Höger mit rautenförmiger Klinkerfassade

Sprinkenhof
1927–1943

Von Fritz Höger. Beispielgebend für den Backsteinexpressionismus der 1920er Jahre

Chilehaus
1922–1924

Das sog. Hafenrathaus ist ein Beispiel für die neogotische Backsteinarchitektur. Heute Sitz der Hamburger Hafen und Logistik AG.

Verwaltung der Speicherstadt
1902–1904

21

Speicherstadt

Auf dem heutigen Gebiet der Speicherstadt siedelten sich im 18. und 19. Jh.
Schiffsbauer und das Hafengewerbe an. 1868 wurde der Sandauhafen, 1881
der Grasbrookhafen gebaut. Ehemalige Wohnviertel aus dem 16. Jh. mussten
großen Lagerhauskomplexen weichen. Die Speicherstadt steht seit 1991
unter Denkmalschutz.

Querschnitt städtischer Zollkanal und Freihafengebiet (1888)

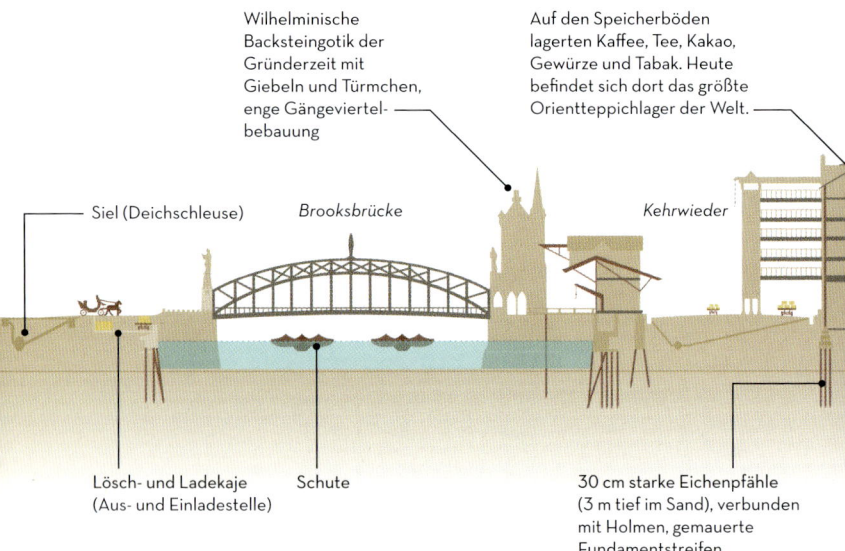

Wilhelminische
Backsteingotik der
Gründerzeit mit
Giebeln und Türmchen,
enge Gängeviertel-
bebauung

Auf den Speicherböden
lagerten Kaffee, Tee, Kakao,
Gewürze und Tabak. Heute
befindet sich dort das größte
Orientteppichlager der Welt.

Siel (Deichschleuse)

Brooksbrücke

Kehrwieder

Lösch- und Ladekaje
(Aus- und Einladestelle)

Schute

30 cm starke Eichenpfähle
(3 m tief im Sand), verbunden
mit Holmen, gemauerte
Fundamentstreifen

Geschichtlicher Abriss

1881 Vereinbarung zwischen Hamburg und dem Deutschen Reich über den Bau der Speicherstadt, Schaffung eines Freihafens, der nicht dem deutschen Zollgebiet (Enklaven) zugehört (zollfreie Lagerung, Veredelung und Verarbeitung von Importgütern)

1883 Baubeginn im *Kehrwieder* (ehem. Arbeiter-Handwerkerviertel) und *Wandrahm* (ehem. Kaufmanns- und Bürgerhäuser aus dem 17. und 18. Jh., besonders holländischer Einwanderer); Umsiedlung von 20 000 Bewohnern

17 sieben- bis achtstöckige Lagerhäuser mit einer Gesamtfläche von 330 000 m², alphabetisch benannte Blöcke (Y und Z nicht gebaut), heute teils umgebaut zu modernen Büroräumen (Block S)

1888 Aufnahme der Stadt in den Deutschen Zollverein und Eröffnung des ersten Speicherhafen-abschnitts als Freihafengebiet

Zwei Drittel des Bauprojekts wurden bis **1898** fertiggestellt, bis 1914 komplett

Hälfte der Bausubstanz im **2. Weltkrieg** zerstört, Wiederaufbau bis **1967**

Durch Containerumschlag und automatisierte Lagerverwaltungssysteme wurde Freihafenstatus überflüssig.

2003 Verlegung der Freihafengrenze

2004 gesamte Speicherstadt außerhalb des Freihafens (Ausnahme sind die Teppichlager)

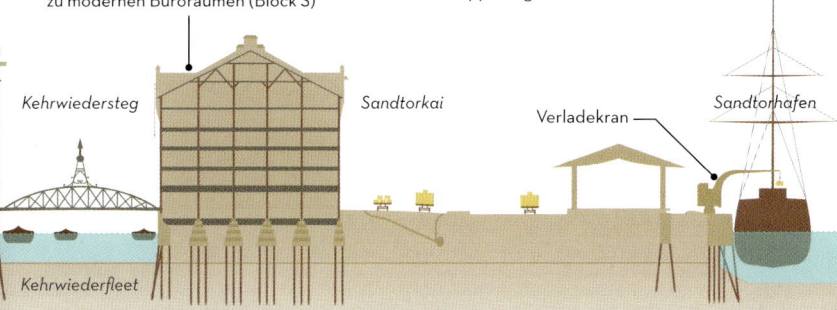

Kehrwiedersteg   *Sandtorkai*   Verladekran —   *Sandtorhafen*

Kehrwiederfleet

heutige Attraktionen in der Speicherstadt:
Fleetschlösschen am Hollandischbrookfleet, Hafenpolizeiwache Nr. 2 an der Kehrwiederspitze, Miniatur Wunderland, Gewürzmuseum, Deutsches Zollmuseum, Hamburg Dungeon, Kaffeerösterei, Speicherstadtmuseum, Kehrwieder-Theater, Hamburgisches Architekturarchiv, Internationales Maritimes Museum, Wasserschloss Speicherstadt, Dialog im Dunkeln

22

HafenCity

Speicherstadt und HafenCity sind seit 2008 zu einem Stadtteil zusammen-gefasst. Mit dem Bau moderner Bürogebäude, Geschäfte und Wohnungen gilt die HafenCity derzeit als Europas größtes innerstädtisches Entwicklungs-projekt. Baubeginn war im Jahr 2001, Bauende soll 2025 sein.

1 ELBPHILHARMONIE
Entwurf: Herzog & de Meuron
ehemaliger Kakaospeicher
Höhe: 110 m
Baubeginn: 2007
Eröffnung: vorauss. im Frühjahr 2017
Konzerthaus mit zwei Konzertsälen,
Hotel, Wohnungen, Museum,
Proberäumen, Parkhaus

3 HAFENCITY UNIVERSITÄT
Entwurf: Code Unique Architekten
Baubeginn: 2010
Vorlesungsbeginn: April 2014

2 MARCO-POLO-TOWER
Entwurf: Behnisch Architekten
Planungs- und Bauzeit: 2007–2010
Höhe: 55 m

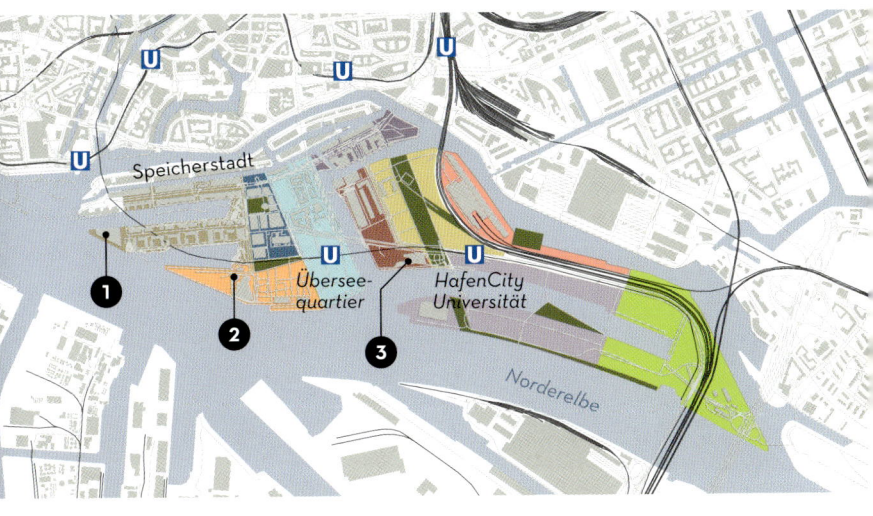

Quartiersübersicht

- Überseequartier
- Brooktorkai/Ericus
- Elbtorquartier
- Am Lohsepark
- Oberhafen
- Baakenhafen
- Am Sandtorkai/Dalmannkai
- Am Sandtorpark/Grasbrook
- Strandkai
- Quartier Elbbrücken
- Grünflächen, Sportplätze
- U U-Bahnstation

Nutzung der Flächen

Wohnfläche	gewerbliche und öffentlichkeitsbezogene Nutzflächen	Bürofläche	Fläche für Bildung, Wissenschaft, Kultur, Freizeit, Hotel und Sonstiges
700 000 m²	215 000 m²	1,1 Mio. m²	310 000 m²

23

Konzerthäuser

Die bekanntesten Musikveranstaltungsorte
Hamburgs

🧍 Eine Figur steht für 100 Menschen

20 000
Bahrenfelder Trabrennbahn

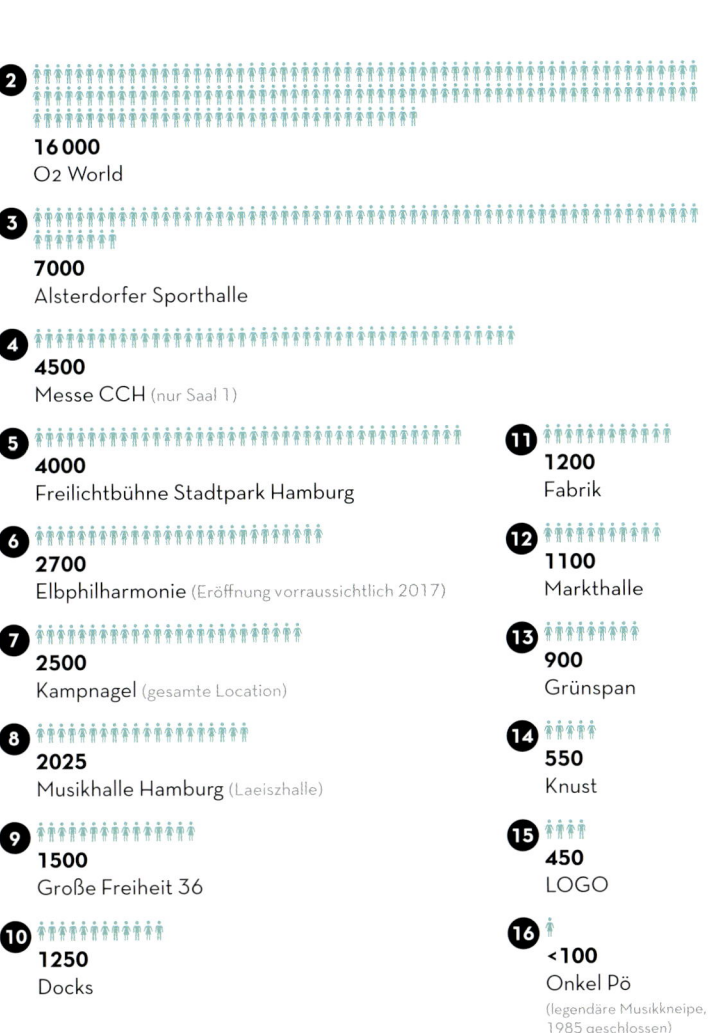

2

16 000
O2 World

3

7000
Alsterdorfer Sporthalle

4

4500
Messe CCH (nur Saal 1)

5

4000
Freilichtbühne Stadtpark Hamburg

6

2700
Elbphilharmonie (Eröffnung vorraussichtlich 2017)

7

2500
Kampnagel (gesamte Location)

8

2025
Musikhalle Hamburg (Laeiszhalle)

9

1500
Große Freiheit 36

10

1250
Docks

11

1200
Fabrik

12

1100
Markthalle

13

900
Grünspan

14

550
Knust

15

450
LOGO

16

<100
Onkel Pö
(legendäre Musikkneipe,
1985 geschlossen)

Geschichte

Zeittafel

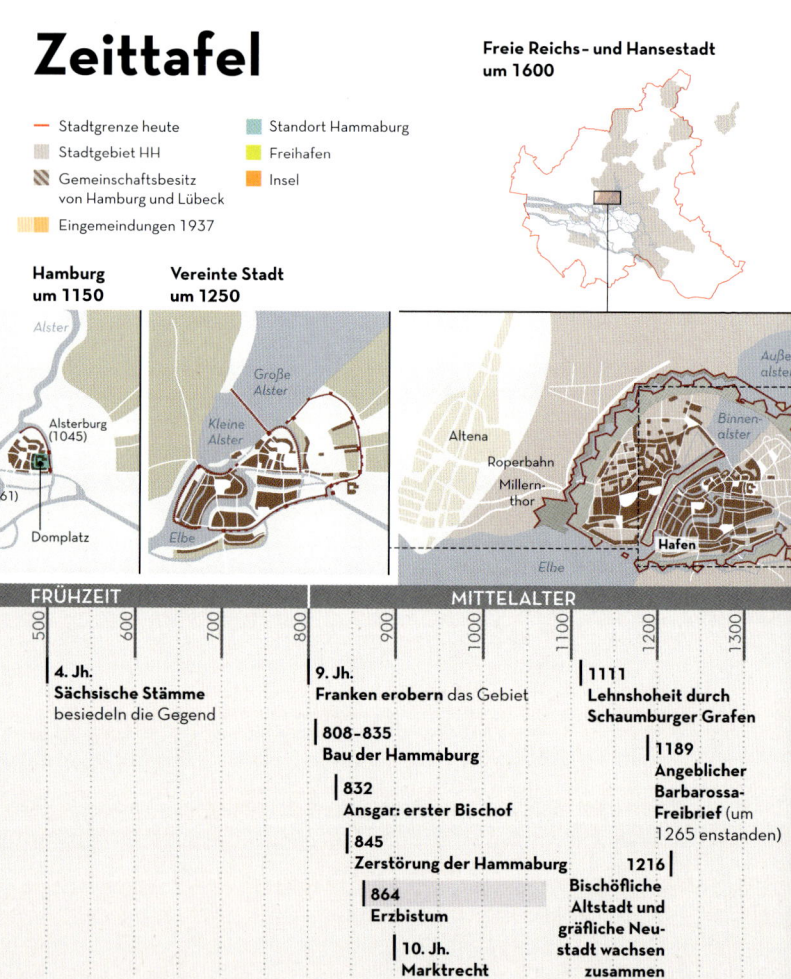

Freie Reichs- und Hansestadt um 1600

- — Stadtgrenze heute
- ▨ Stadtgebiet HH
- ▨ Gemeinschaftsbesitz von Hamburg und Lübeck
- ▨ Eingemeindungen 1937
- ▨ Standort Hammaburg
- ▨ Freihafen
- ▨ Insel

Hamburg um 1150

Alster
Alsterburg (1045)
Neue Burg (1061)
Elbe
Domplatz

Vereinte Stadt um 1250

Große Alster
Kleine Alster
Elbe

Altena
Roperbahn
Millern-thor
Außen-alster
Binnen-alster
Hafen
Elbe

FRÜHZEIT · MITTELALTER

500 · 600 · 700 · 800 · 900 · 1000 · 1100 · 1200 · 1300

4. Jh.
Sächsische Stämme besiedeln die Gegend

9. Jh.
Franken erobern das Gebiet

808–835
Bau der Hammaburg

832
Ansgar: erster Bischof

845
Zerstörung der Hammaburg

864
Erzbistum

10. Jh.
Marktrecht

1111
Lehnshoheit durch Schaumburger Grafen

1189
Angeblicher Barbarossa-Freibrief (um 1265 enstanden)

1216
Bischöfliche Altstadt und gräfliche Neustadt wachsen zusammen

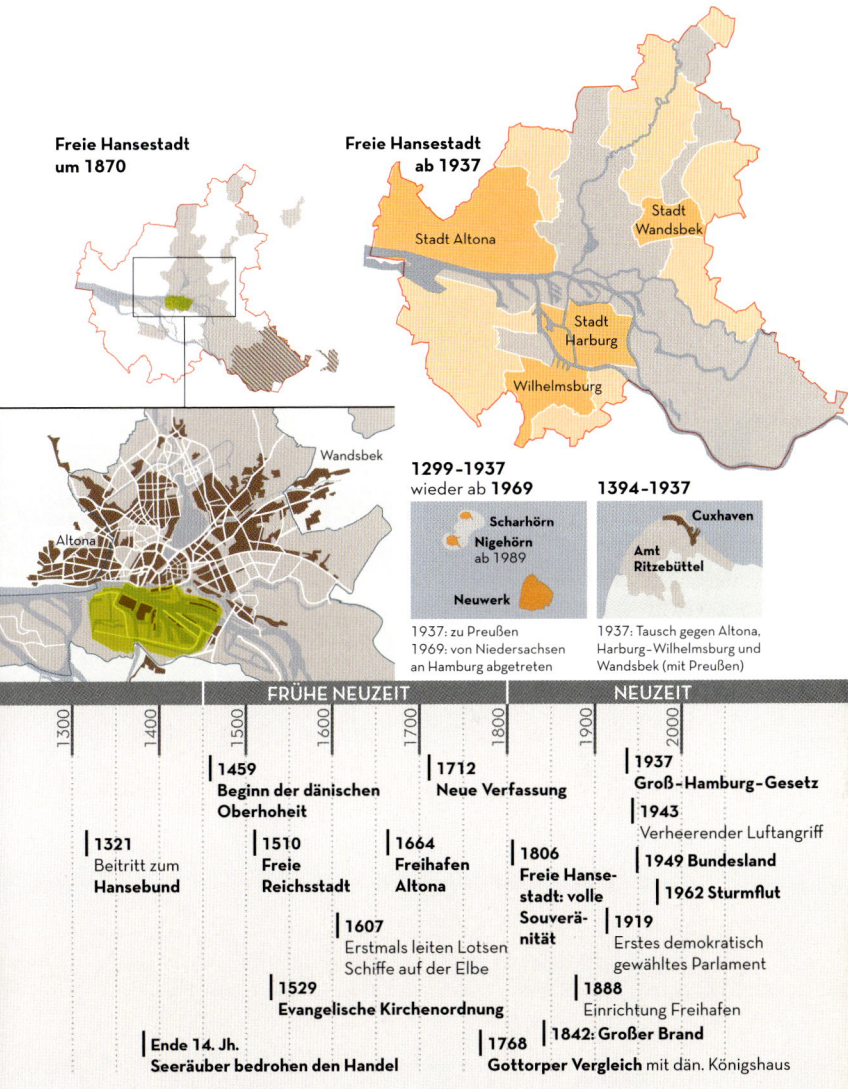

Freie Hansestadt um 1870

Freie Hansestadt ab 1937

Stadt Altona

Stadt Wandsbek

Stadt Harburg

Wilhelmsburg

Wandsbek

Altona

1299–1937 wieder ab 1969

Scharhörn

Nigehörn ab 1989

Neuwerk

1937: zu Preußen
1969: von Niedersachsen an Hamburg abgetreten

1394–1937

Cuxhaven

Amt Ritzebüttel

1937: Tausch gegen Altona, Harburg-Wilhelmsburg und Wandsbek (mit Preußen)

FRÜHE NEUZEIT | **NEUZEIT**

1300 · 1400 · 1500 · 1600 · 1700 · 1800 · 1900 · 2000

1459
Beginn der dänischen Oberhoheit

1712
Neue Verfassung

1937
Groß-Hamburg-Gesetz

1321
Beitritt zum Hansebund

1510
Freie Reichsstadt

1664
Freihafen Altona

1806
Freie Hansestadt: volle Souveränität

1943
Verheerender Luftangriff

1949 Bundesland

1962 Sturmflut

1607
Erstmals leiten Lotsen Schiffe auf der Elbe

1919
Erstes demokratisch gewähltes Parlament

1529
Evangelische Kirchenordnung

1888
Einrichtung Freihafen

1842: Großer Brand

Ende 14. Jh.
Seeräuber bedrohen den Handel

1768
Gottorper Vergleich mit dän. Königshaus

Ausschnitt

25

Exklaven

Als Vorposten in der Elbemündung gehören die Inseln von 1299 bis 1937 zur Hansestadt. Im 20. Jahrhundert ändert sich die territoriale Zugehörigkeit mehrmals, ehe die Inseln ab 1969 wieder in hamburgischen Besitz zurückkehren.

Cuxhaven
Elbe
Distanz Hamburg-Neuwerk:
ca. **106 km** (Luftlinie)

- **1937** Im Zuge des Groß-Hamburg-Gesetzes werden die **Inseln Preußen zugeschlagen**
- **1947** Auflösung Preußens: Neuwerk gehört **zu Niedersachsen**
- **1969** Staatsvertrag zwischen Hamburg und Niedersachsen: **Neuwerk wird wieder hamburgisch**
- **1990** Gesetz zur Einrichtung des **Nationalparks Hamburgisches Wattenmeer**

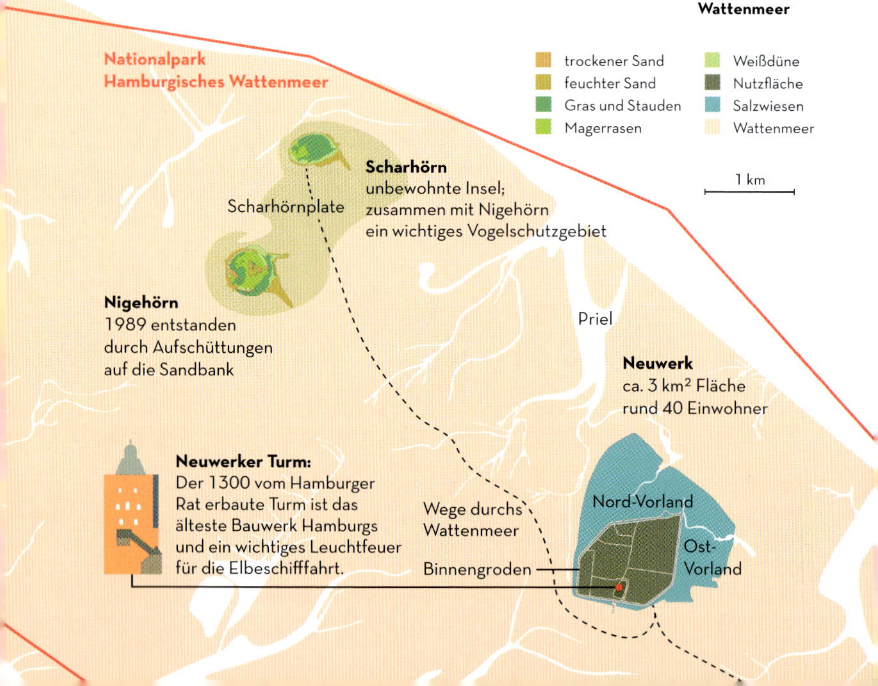
Nationalpark
Hamburgisches Wattenmeer
trockener Sand
feuchter Sand
Gras und Stauden
Magerrasen
Weißdüne
Nutzfläche
Salzwiesen
Wattenmeer
1 km
Scharhörn
unbewohnte Insel;
zusammen mit Nigehörn
ein wichtiges Vogelschutzgebiet
Scharhörnplate
Nigehörn
1989 entstanden
durch Aufschüttungen
auf die Sandbank
Priel
Neuwerk
ca. 3 km² Fläche
rund 40 Einwohner
Neuwerker Turm:
Der 1300 vom Hamburger Rat erbaute Turm ist das älteste Bauwerk Hamburgs und ein wichtiges Leuchtfeuer für die Elbeschifffahrt.
Wege durchs Wattenmeer
Binnengroden
Nord-Vorland
Ost-Vorland

Störtebeker

Viele Mythen und Legenden ranken sich um den berühmtesten und berüchtigsten Seeräuber Norddeutschlands, aber nur wenige Fakten über sein Leben sind belegt. Einige wichtige Lebensstationen:

Eigentlich aus gutem Hause, vertrank und verspielte er sein Vermögen. Seine Trinkgewohnheiten brachten ihm den Beinamen **„Stör-te-beker" = „Stürz-den-Becher"**.

Klaus Störtebeker
* um 1360
† 1401 in Hamburg

Mittellos wurde er der Stadt verwiesen. Er schloss sich der **Seeräuberbande der Vitalienbrüder** an. Zusammen mit Godeke Michels wurde er zu ihrem Anführer.

Auf dem **Falkenberg** bei Neugraben stand vermutlich **Störtebekers Burg**.

Ein wichtiger **Stützpunkt für Raubzüge gegen die Hanse war die Insel Helgoland**. Dort wurde er nach einer Seeschlacht gestellt und nach Hamburg gebracht.

Seine Enthauptung fand auf dem Hamburger Grasbrook statt. Die Legende besagt, dass er eine Begnadigung für jene seiner Männer ausgehandelt haben soll, an denen er kopflos vorbeilaufen konnte. Nach dem elften Mann stellte ihm der Henker angeblich ein Bein. Zur Abschreckung wurden die Köpfe auf Pfähle genagelt.

CLAAS STÖRTEBEKER
GODEKE MICHELS
1401

GOTTES FREUND UND DER WELT FEIND

Hansestadt Hamburg

Im 12. Jh. entwickelte sich aus einer Gemeinschaft von Kaufleuten die Hanse als ein loser Städte- und Handelsbund. Sie verfolgte gemeinsame Wirtschafts-interessen, erleichterte den überregionalen Seehandel und bot Schutz gegen Piraterie. In der Blütezeit gehörten ihr Kaufleute aus bis zu 200 europäischen Städten an. Ende des 15. Jahrhunderts verfiel der Bund mehr und mehr.

Wendischer Städtebund 1259
Hamburg gehörte zur Kerngruppe der wendischen Hanse, zu der folgende Städte zählten:

althochdeutsch „hansa" = Gruppe Gleichgesinnter

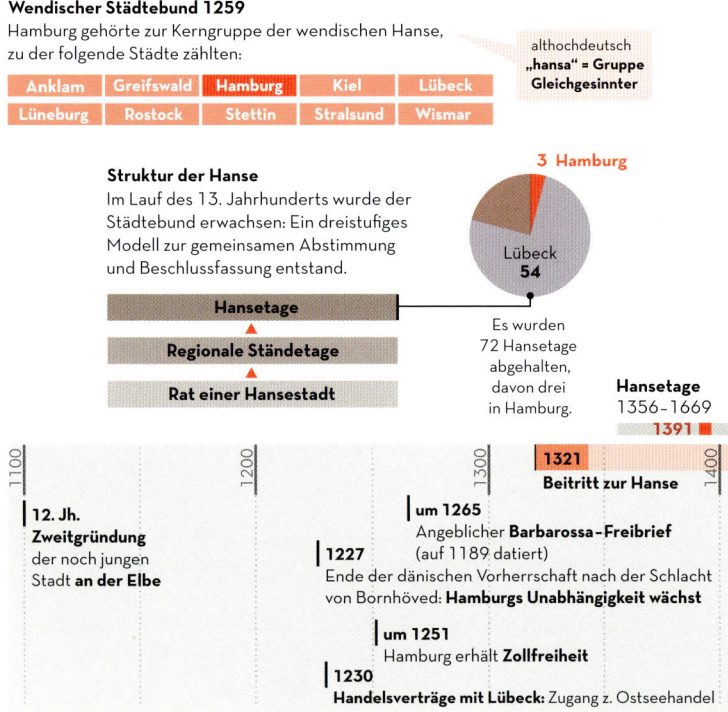

Anklam	Greifswald	Hamburg	Kiel	Lübeck
Lüneburg	Rostock	Stettin	Stralsund	Wismar

Struktur der Hanse
Im Lauf des 13. Jahrhunderts wurde der Städtebund erwachsen: Ein dreistufiges Modell zur gemeinsamen Abstimmung und Beschlussfassung entstand.

3 Hamburg

Lübeck 54

Hansetage
▲
Regionale Ständetage
▲
Rat einer Hansestadt

Es wurden 72 Hansetage abgehalten, davon drei in Hamburg.

Hansetage
1356–1669
1391

1100 · 1200 · 1300 · 1400

1321
Beitritt zur Hanse

12. Jh.
Zweitgründung
der noch jungen Stadt **an der Elbe**

um 1265
Angeblicher **Barbarossa-Freibrief**
(auf 1189 datiert)

1227
Ende der dänischen Vorherrschaft nach der Schlacht von Bornhöved: **Hamburgs Unabhängigkeit wächst**

um 1251
Hamburg erhält **Zollfreiheit**

1230
Handelsverträge mit Lübeck: Zugang z. Ostseehandel

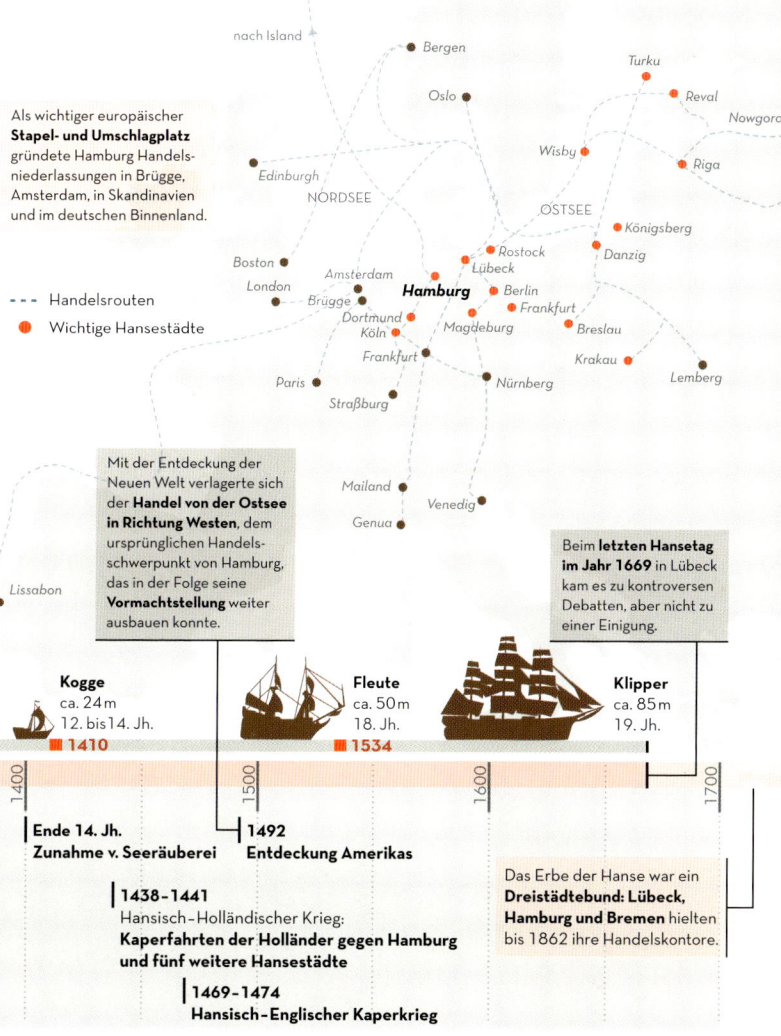

nach Island →

Bergen
Oslo
Turku
Reval
Nowgorod
Wisby
Riga
Edinburgh
NORDSEE
OSTSEE
Königsberg
Danzig
Boston
Amsterdam
Rostock
Lübeck
Hamburg
Berlin
London
Brügge
Frankfurt
Dortmund
Köln
Magdeburg
Breslau
Frankfurt
Krakau
Lemberg
Paris
Nürnberg
Straßburg

Als wichtiger europäischer **Stapel- und Umschlagplatz** gründete Hamburg Handelsniederlassungen in Brügge, Amsterdam, in Skandinavien und im deutschen Binnenland.

- - - Handelsrouten

● Wichtige Hansestädte

Mit der Entdeckung der Neuen Welt verlagerte sich der **Handel von der Ostsee in Richtung Westen**, dem ursprünglichen Handelsschwerpunkt von Hamburg, das in der Folge seine **Vormachtstellung** weiter ausbauen konnte.

Mailand
Venedig
Genua

Beim **letzten Hansetag im Jahr 1669** in Lübeck kam es zu kontroversen Debatten, aber nicht zu einer Einigung.

Lissabon

Kogge
ca. 24 m
12. bis 14. Jh.
▪ **1410**

Fleute
ca. 50 m
18. Jh.
▪ **1534**

Klipper
ca. 85 m
19. Jh.

1400
1500
1600
1700

Ende 14. Jh.
Zunahme v. Seeräuberei

1492
Entdeckung Amerikas

1438-1441
Hansisch-Holländischer Krieg:
Kaperfahrten der Holländer gegen Hamburg und fünf weitere Hansestädte

Das Erbe der Hanse war ein **Dreistädtebund: Lübeck, Hamburg und Bremen** hielten bis 1862 ihre Handelskontore.

1469-1474
Hansisch-Englischer Kaperkrieg

28

Bürgeradel

Obschon es in Hamburg nie ein geschlossenes Patriziat gab, entwickelte sich zu Beginn der Neuzeit eine Art Bürgeradel: Hanseatische Bankiers-, Reeder- und Kaufmannsfamilien stellten die städtische Führungsschicht. Bis 1918 genossen sie weitreichende Privilegien.

Hanseatische Handelsdynastien:
Im Laufe der Zeit haben sich die Unternehmensstrukturen gewandelt, doch viele Hamburger Traditionsunternehmen sind noch immer im Familienbesitz.

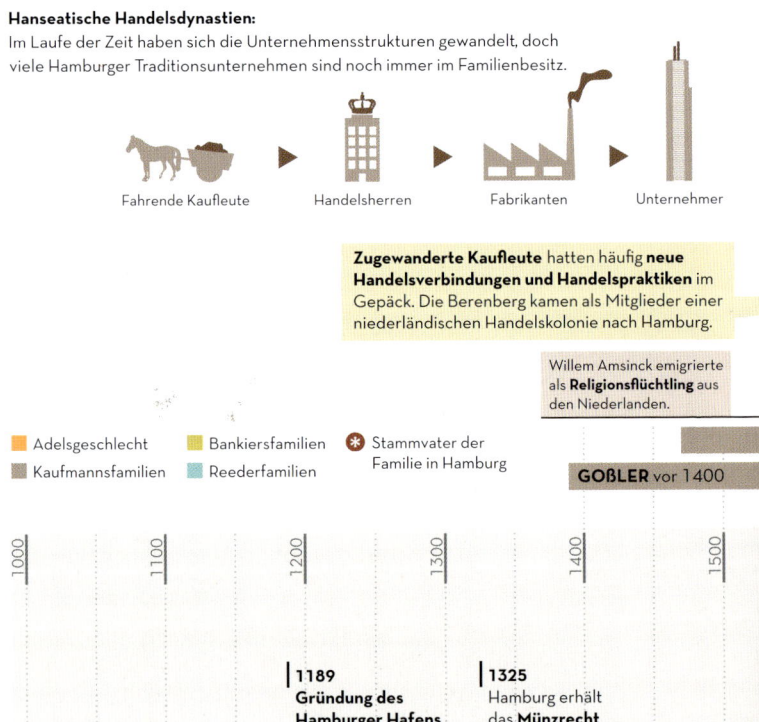

Fahrende Kaufleute   Handelsherren   Fabrikanten   Unternehmer

Zugewanderte Kaufleute hatten häufig **neue Handelsverbindungen und Handelspraktiken** im Gepäck. Die Berenberg kamen als Mitglieder einer niederländischen Handelskolonie nach Hamburg.

Willem Amsinck emigrierte als **Religionsflüchtling** aus den Niederlanden.

GOSSLER vor 1400

■ Adelsgeschlecht   ■ Bankiersfamilien   ✱ Stammvater der Familie in Hamburg
■ Kaufmannsfamilien   ■ Reederfamilien

1000   1100   1200   1300   1400   1500

| 1189
Gründung des Hamburger Hafens

| 1325
Hamburg erhält das **Münzrecht**

Heute älteste deutsche Reederei (1793 gegründet)

Hermann Münchmeyer — **MÜNCHMEYER** um 1815

Heinrich Johann Merck — **MERCK** 1793

William Sloman — **SLOMAN** 1791

Mönckeberg übte viele **politische Ämter** aus. Die Senatorenwürde war zwar nicht erblich, jedoch auf Lebenszeit verliehen. Das **Großbürgerrecht** war in **männlicher Linie vererbbar**.

Nicolas Stürken — **STÜRKEN** vor 1800

Christian Matthias Schröder — **SCHRÖDER** vor 1800

Johann Georg Mönckeberg — **MÖNCKEBERG** vor 1800

J. M. Hudtwalcker — **HUDTWALCKER** vor 1800

Jacques de Chapeaurouge — **DE CHAPEAUROUGE** 1764

Georg Heinrich Sieveking — **SIEVEKING** um 1750

SEYLER um 1750 — Abel Seyler

Viele hanseatische Familien waren **soziale Stifter**: Die Jauch betätigten sich vor allem in der Armenfürsorge.

Nach Aufhebung des Edikts von Nantes als **Hugenotten** aus La Rochelle geflohen

LAEISZ vor 1750 — Johann Hartwig Laeisz

GODEFFROY 1737 — Jacques Cesar Godeffroy

JAUCH vor 1700 — Johann Christian Jauch

SCHRAMM vor 1700 — Max Schramm

Das **1590** gegründete Bankhaus ist heute die **älteste noch bestehende deutsche Bank**.

MUTZENBECHER 1669 — Matthias Mutzenbecher

JENISCH vor 1650 — Zimbert Jenisch

BERENBERG um 1585 — ab 1822 Berenberg-Gossler

AMSINCK um 1576 — Wilhelm Amsinck

ANCKELMANN um 1470 — Joachim Anckelmann

Johann Hinrich Gossler — Berenberg-Gossler

ab 1889 preußischer Adel

1500 — 1600 — 1700 — 1800 — 1900 — 2000

1558
Gründung der Börse (am Alsterhafen) durch die Hamburgische Kaufmannschaft

1841
Einweihung der **Neuen Börse**

16. Jh.
Verlegung des Hafens an die Elbe

1619
Gründung der Hamburger Bank

1888
Gründung des Freihafens

29

Sturmflut 1962

Die Sturmflut, die über die Hansestadt hereinbrach, war anfangs völlig unterschätzt worden. Erst spät wurden wirksame Hilfsmaßnahmen eingeleitet. Nach der Katastrophe wurde der Küstenschutz neu organisiert.

Chronologie der Flutkatastrophe

12.02.1962
Nordseesturm Stärke 10–11
Zwei Sturmfluten peitschen
Wassermassen in die Elbmündung.

13.02.1962
Erste Überschwemmungen
Deichbrüche an der Küste

15.02.1962
Sturmtief *Vincinette* fegt
über Nordseeküste hinweg.

■ Überschwemmungsgebiete 1962
■ tiefliegende Gebiete
▨ Stadtteil Wilhelmsburg
— Deichlinie heute

Potenzielle Gefahrenzonen
Hamburgs Süden liegt tief: Wilhelmsburg
und andere Stadtteile südlich der
Elbe waren am härtesten von der
Sturmflut betroffen.

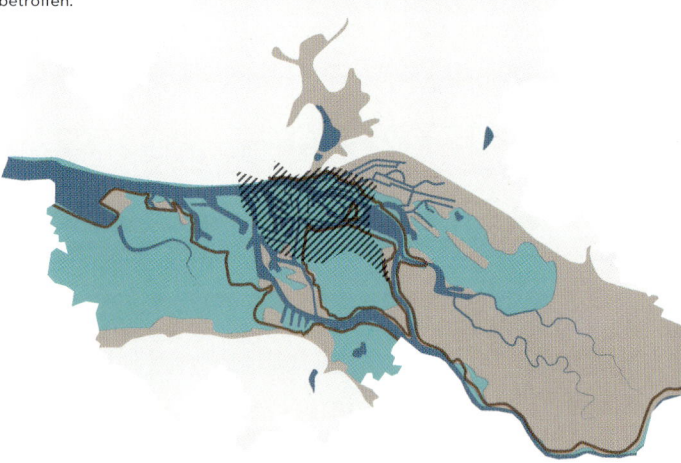

16.02.1962

Sturmtief *Vincinette* trifft auf Hamburg
08:09 Hydrographisches Institut
warnt vor Sturmflut (Böen: bis Stärke 13)
22:00 **Höhepunkt des Sturms**
Feuerwehr, Deichverbände, THW
und Bundeswehr sind im Einsatz zur
Sicherung der Deiche.
Kurz vor Mitternacht
Blaulicht, Sirenen und Kirchenglocken
warnen die Bevölkerung in Elbnähe.

Die Flut in Zahlen

Höchster Pegelstand: + 5,70 m NN

Ein Sechstel
von Hamburg
wurde überflutet

Todesopfer in Hamburg:
315

Beschädigte Wohnungen und Häuser:
28 000

Zerstörte Wohnungen und Häuser:
1300

Helfer im Einsatz für die Luftbrücke:

8000	Bundeswehrsoldaten
6000	NATO-Soldaten
2000	Polizisten
2000	Feuerwehrleute

Spenden aus
In- und Ausland: **40 Mio. DM**

Folgekosten der Flut: **3 Mrd. DM**

17.02.1962

00:15 **Erster Deichbruch in Hamburg**
im Neuenfelder Rosengarten;
in der Nacht **über 60 Deichbrüche**:
Der südliche Elberaum ist bis nach
Moorburg überflutet und die **Elbinsel**
Wilhelmsburg steht völlig unter Wasser.
00:15 Telefone, Fernschreiber und
Signallinien fallen aus.
00:30 Stromausfall
02:00 **Folgenschwerer Deichbruch am**
Wilhelmsburger Spreehafen (200 Tote)
06:40 **Innensenator Helmut Schmidt**
übernimmt das Einsatzkommando.
11:00 Sondersitzung des Senats
Großangelegter Rettungseinsatz mit
Hubschrauberstaffeln, Evakuierungen
mit Schlauch- und Sturmbooten

18.02.1962

00:00 **Luftbrücke** durch Transportflug-
zeuge der amerikanischen, britischen
und deutschen Luftwaffe
Große Solidaritätswelle: Kleider- und
Essensspenden, Aufnahme von Obdachlosen

19.02.1962

19:00 **Akute Gefährdung ist gebannt.**

26.02.1962

Über 100 000 Menschen versammeln sich
auf dem Rathausmarkt zu einer **Trauerfeier**.

01.03.1962

Sammelbestattung auf Ohlsdorfer Friedhof:
Seit 1972 ist die Ehrengrabstätte **Flutmahnmal**.

30

Der große Brand 1842

Das Feuer, das in einer Mainacht ausbricht, endet in einer verheerenden Katastrophe: Seit Wochen beherrscht Trockenheit die Wetterlage, in den Speichern lagern entzündliche Waren wie Schiffstaue, Wolle und Altpapier und in den tideabhängigen Fleeten ist nur wenig Löschwasser vorhanden.

DIE FOLGEN DES GROSSEN BRANDS:

> **4000 zerstörte Wohnungen und Speicher, 3 Kirchen, Rathaus und Stadtarchiv**

> **50 Tote und rund 20 000 Obdachlose**

1/4 der Stadt liegt in Schutt und Asche

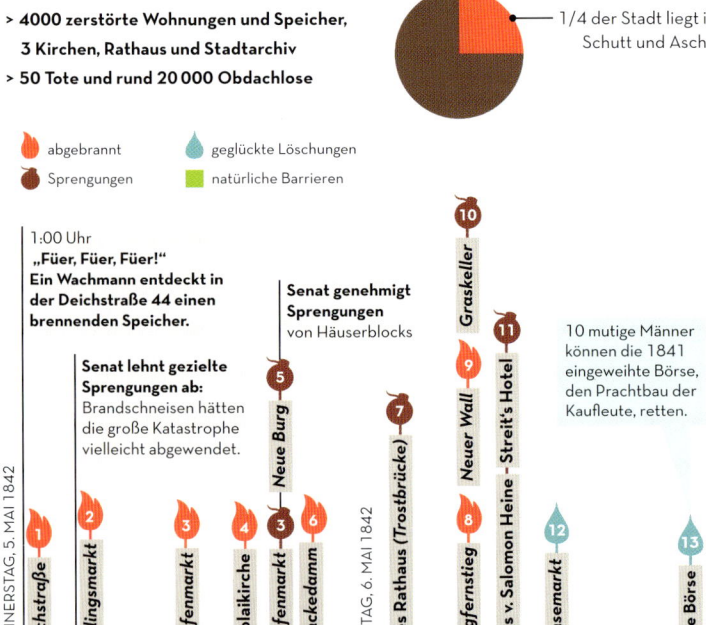

- abgebrannt
- Sprengungen
- geglückte Löschungen
- natürliche Barrieren

1:00 Uhr
„Füer, Füer, Füer!"
Ein Wachmann entdeckt in der Deichstraße 44 einen brennenden Speicher.

Senat lehnt gezielte Sprengungen ab:
Brandschneisen hätten die große Katastrophe vielleicht abgewendet.

Senat genehmigt Sprengungen
von Häuserblocks

10 mutige Männer können die 1841 eingeweihte Börse, den Prachtbau der Kaufleute, retten.

DONNERSTAG, 5. MAI 1842

1 Deichstraße
2 Rödlingsmarkt
3 Hopfenmarkt
4 Nikolaikirche
3 Hopfenmarkt
6 Mönckedamm

FREITAG, 6. MAI 1842

5 Neue Burg
7 Altes Rathaus (Trostbrücke)
10 Graskeller
9 Neuer Wall
11 Haus v. Salomon Heine – Streit's Hotel
8 Jungfernstieg
12 Gänsemarkt
13 Neue Börse

Brandausdehnung 5. Mai   6. Mai   7. Mai   8. Mai   Sprengungen   Unversehrte Gebäude

Brandsende

Die heutige Straße Brands-
ende erinnert an das letzte
brennende Haus.

13:00 Uhr
Der Senat verkündet
das **offizielle Ende des
Großen Brands, der
79 Stunden wütete.**

SAMSTAG, 7. MAI 1842

Petrikirche 14

Binnenalster 15

Glockengießerdamm 16

SONNTAG, 8. MAI 1842

Kurze Mühren: letztes
brennendes Haus gelöscht 17

Politik

31

Landeswahlrecht

REPRÄSENTATIVE DEMOKRATIE
BÜRGERSCHAFTSWAHL (LANDESPARLAMENT)

Wahlsystem	Verhältniswahl mit offenen Wahlkreislisten und Landeslisten
Stimmenzahl	Jeder Wähler hat 10 Stimmen: 5 für Kandidaten der Wahlkreislisten und 5 für Kandidaten auf Landeslisten. Die Landesstimmen können auch an eine Landesliste in ihrer Gesamtheit vergeben werden.
Aktives Wahlrecht	Stimmberechtigt ist jeder Deutsche, der sein 16. Lebensjahr vollendet und seit mind. 3 Monaten seinen (Haupt-)Wohnsitz in Hamburg hat.
Passives Wahlrecht	Wählbar ist jeder Wahlberechtigte, der sein 18. Lebensjahr vollendet hat.
Legislaturperiode	4 Jahre (ab 2015 voraussichtlich 5 Jahre)
Abgeordnetenzahl	Die Bürgerschaft hat 121 Sitze. In den 17 Mehrmandatswahlkreisen werden 71 Mandate über offene Wahlkreislisten vergeben. Die restlichen 50 Mandate werden über offene Landeslisten vergeben. Je nach Größe des Wahlkreises werden 3, 4 oder 5 Sitze vergeben.

WAHLEN ZU DEN BEZIRKSVERSAMMLUNGEN

Wahlsystem	Identisch mit der Bürgerschaftswahl (Ausnahme: 3%-Klausel)
Stimmenzahl	Identisch mit der Bürgerschaftswahl (Ausnahme: Auf den Bezirkslisten stehen nur die Kandidaten des jeweiligen Bezirks.)
Aktives Wahlrecht	Stimmberechtigt ist jeder EU-Bürger, der sein 16. Lebensjahr vollendet und seit mind. 3 Monaten seinen (Haupt-)Wohnsitz in Hamburg hat.
Passives Wahlrecht	Wählbar ist jeder Wahlberechtigte, der sein 18. Lebensjahr vollendet hat.
Legislaturperiode	5 Jahre (zusammen mit der Europawahl)
Mitgliederzahl	Abhängig von der Bevölkerungsgröße des Bezirks

DIREKTE DEMOKRATIE: VOLKSGESETZGEBUNG

Volkspetition	Bedingung: 10 000 Unterschriften Ergebnis: Anliegen vor einem Ausschuss der Bürgerschaft
Volksinitiative	B: 10 000 Unterschriften (Frist: 6 Monate) E: Verbindliche Behandlung im Plenum der Bürgerschaft
Volksbegehren	B: Unterschriften von 5% der Wahlberechtigten (Frist: 3 Wochen) E: Verbindliche Behandlung im Plenum der Bürgerschaft
Volksentscheid	B: Quorum von 20% der Wahlberechtigten E: direkte Abstimmung über das Anliegen
Referendum (fakultativ)	B: betrifft nur Gesetzesbeschlüsse der Bürgerschaft, die zuvor von einem Volksentscheid angenommen wurden (Quorum von 2,5%; Frist: 3 Monate)

Senat & Bürgerschaft

Seit 1859 ist die Hamburgische Bürgerschaft das Parlament der Stadt. Wie bildet sich die Bürgerschaft, wie der Senat und wie entsteht ein Gesetz?

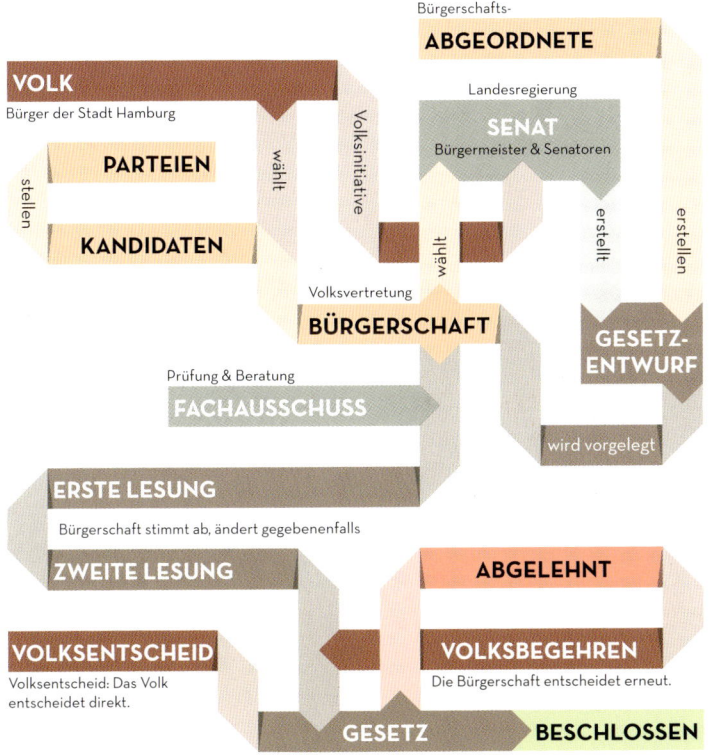

Bürgerschafts-
ABGEORDNETE

VOLK
Bürger der Stadt Hamburg

Landesregierung
SENAT
Bürgermeister & Senatoren

PARTEIEN

Volksinitiative

wählt

stellen

KANDIDATEN

wählt

erstellt

erstellen

Volksvertretung
BÜRGERSCHAFT

GESETZ-ENTWURF

Prüfung & Beratung
FACHAUSSCHUSS

wird vorgelegt

ERSTE LESUNG

Bürgerschaft stimmt ab, ändert gegebenenfalls

ZWEITE LESUNG

ABGELEHNT

VOLKSENTSCHEID

Volksentscheid: Das Volk entscheidet direkt.

VOLKSBEGEHREN

Die Bürgerschaft entscheidet erneut.

GESETZ   **BESCHLOSSEN**

Rathaus

Der große Brand von 1842
(siehe Thema 30) zerstörte das
alte Rathaus an der Trostbrücke.
Nach elf Jahren Bauzeit bezogen
Senat und Bürgerschaft 1897
das neue Rathaus.

Bauzeit	1886 bis 1897
Baukosten	11 Mio. Goldmark = 80 Mio. €
Anzahl der Räume	647
Gebäude: Breite/Tiefe	111/70 m
Höhe des Turms	112 m

Die Turmuhr

5 m

LIBERTATEM·QUAM·PEPERERE
MAIORES·DIGNE·STUDEAT
SERVARE·POSTERITAS

*„Die Freiheit, die erwarben die Alten,
möge die Nachwelt würdig erhalten."*
lautet die Übersetzung der latein.
Inschrift über dem Rundbogen am
Eingang. Dort wacht auch Hammonia –
die Schutzgöttin der Stadt.

Binnenalster

Jungfernstieg
S1 U1
S2 U2
S3 U4
Neuer Wall
Ballindamm
Mönckebergstr
U3
Rathaus
Speersor
Trostbrücke

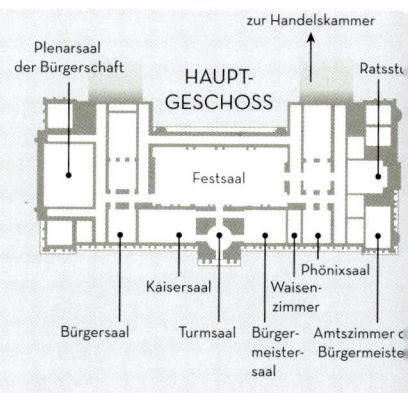

zur Handelskammer

Plenarsaal
der Bürgerschaft

HAUPT-
GESCHOSS

Ratsstu

Festsaal

Kaisersaal
Phönixsaal
Waisen-
zimmer

Bürgersaal
Turmsaal
Bürger-
meister-
saal
Amtszimmer c
Bürgermeister

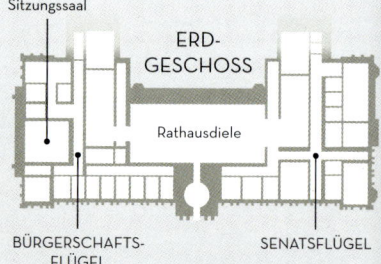

Sitzungssaal

ERD-
GESCHOSS

Rathausdiele

BÜRGERSCHAFTS-
FLÜGEL
SENATSFLÜGEL

Im Hamburger Rathaus arbeiten im
linken Flügel die Bürgerschaft (Parlament)
und im rechten Flügel der Senat (Regierung).

Parteien

Parteien mit mehr als 1000 Mitgliedern,
Mitgliederzahlen

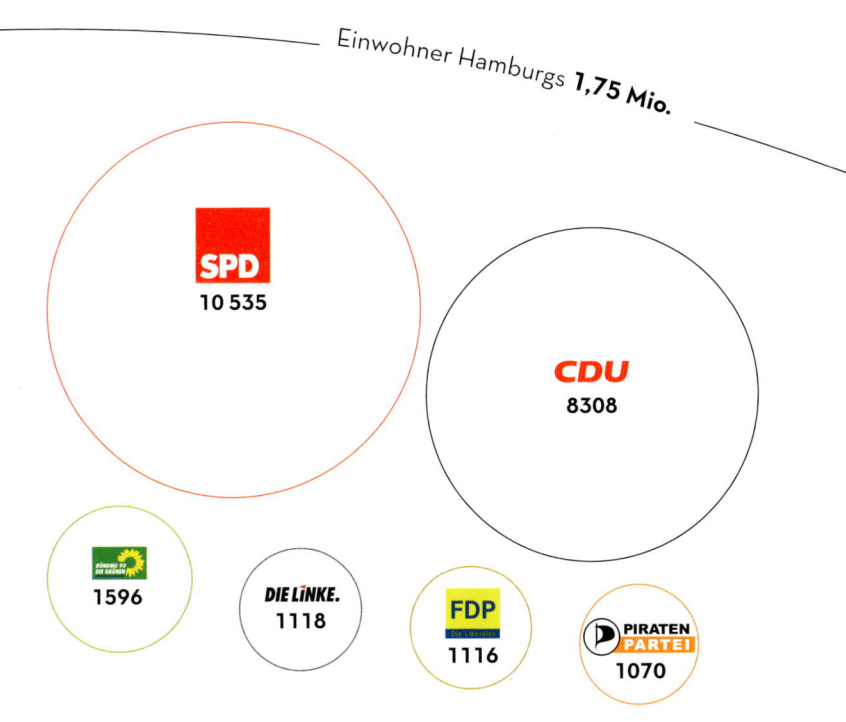

Einwohner Hamburgs **1,75 Mio.**

SPD
10 535

CDU
8308

BÜNDNIS 90
DIE GRÜNEN
1596

DIE LINKE.
1118

FDP
Die Liberalen
1116

PIRATEN
PARTEI
1070

Wahlen & Bürgermeister

Vom Kriegsende bis 2001 war Hamburg eine Hochburg der Sozialde-
mokraten. Nach drei Legislaturperioden mit CDU-geführtem Senat von
2001 bis 2011 hat die SPD wieder eine knappe Mehrheit und stellt
mit Olaf Scholz den Bürgermeister.

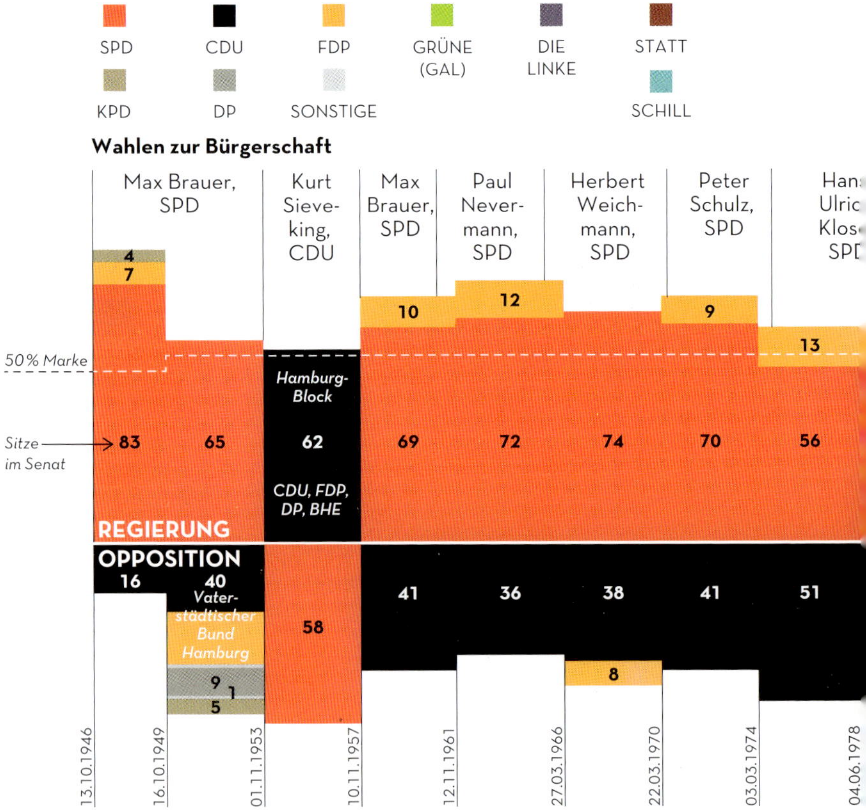

SPD	CDU	FDP	GRÜNE (GAL)	DIE LINKE	STATT	
KPD	DP	SONSTIGE			SCHILL	

Wahlen zur Bürgerschaft

Max Brauer, SPD	Kurt Sieve-king, CDU	Max Brauer, SPD	Paul Never-mann, SPD	Herbert Weich-mann, SPD	Peter Schulz, SPD	Hans Ulrich Klose, SPD
4 / 7						
		10	12		9	
						13
50% Marke						
Sitze im Senat → 83 / 65	Hamburg-Block 62 CDU, FDP, DP, BHE	69	72	74	70	56
REGIERUNG						
OPPOSITION 16 / 40 Vaterstädtischer Bund Hamburg / 9 1 / 5	58	41	36	38 / 8	41	51

13.10.1946 — 16.10.1949 — 01.11.1953 — 10.11.1957 — 12.11.1961 — 27.03.1966 — 22.03.1970 — 03.03.1974 — 04.06.1978

Bürgermeister während der Weimarer Republik und des Nationalsozialismus:

Werner von Melle: 31.3.1919 – 21.12.1919
Friedrich Sthamer: 21.12.1919 – 13.2.1920
Arnold Diestel, 14.2.1920 – 3.1.1924
Carl Wilhelm Petersen, DDP: 4.1.1924 – 31.12.1929
Rudolf Ross, SPD: 1.1.1930 – 31.12.1931
Carl Wilhelm Petersen, DDP: 1.1.1932 – 7.3.1933
Carl Vincent Krogmann, NSDAP: 8.3.1933 – 11.5.1945
Rudolf Petersen, parteilos (ab Juni 1946 CDU): 15. 5.1945 – November 1946

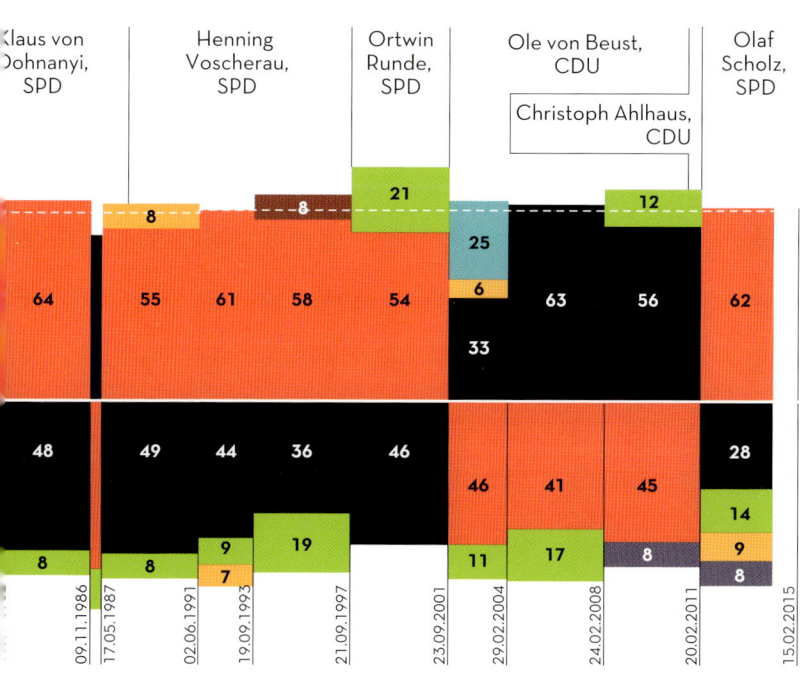

36

Landeshaushalt

Einnahmen und Ausgaben der Freien und Hansestadt Hamburg
im Haushaltsjahr 2014

Einnahmen 2014: 11,75 Mrd. Euro

in Millionen Euro

10 515,81   Allgemeine Finanzverwaltung

80,29	Finanzbehörde
36,90	Behörde für Inneres und Sport
384,96	B. für Wirtschaft, Verkehr und Innovation
93,05	B. für Stadtentwicklung und Umwelt
8,09	B. für Gesundheit und Verbraucherschutz
478,61	B. für Arbeit, Soziales, Familie und Integration
2,40	Kulturbehörde
46,16	B. für Schule und Berufsbildung
106,45	Bezirksämter
2,01	Bürgerschaft, Verfassungsgericht, Rechnungshof (0,21) Senat und Personalamt (1,80)

UMSATZSTEUER

GRUNDERWERBSTEUER

GEWERBESTEUER

LOHNSTEUER

SONSTIGE STEUERN

Allgemeine Finanzverwaltung **2027,24**

Finanzbehörde **323,02**
Behörde für Inneres und Sport 940,28
B. für Wirtschaft, Verkehr und Innovation 642,44
Behörde für Stadtentwicklung und Umwelt 482,16
B. für Gesundheit und Verbraucherschutz **455,57**
B. für Arbeit, Soziales, Familie und Integration 2502,59

Kulturbehörde 236,88
B. für Wissenschaft und Forschung **868,26**
B. für Schule und Berufsbildung **2347,71**

B. für Justiz und Gleichstellung **323,72**
Bezirksämter **457,84**
Senat und Personalamt **104,32**
Bürgerschaft, Verfassungs- **43,50**
gericht und Rechnungshof

Ausgaben 2014: 11,75 Mrd. Euro

37

Städtepartnerschaften

Die Stadt Hamburg pflegt mit neun Städten eine Partnerschaft.

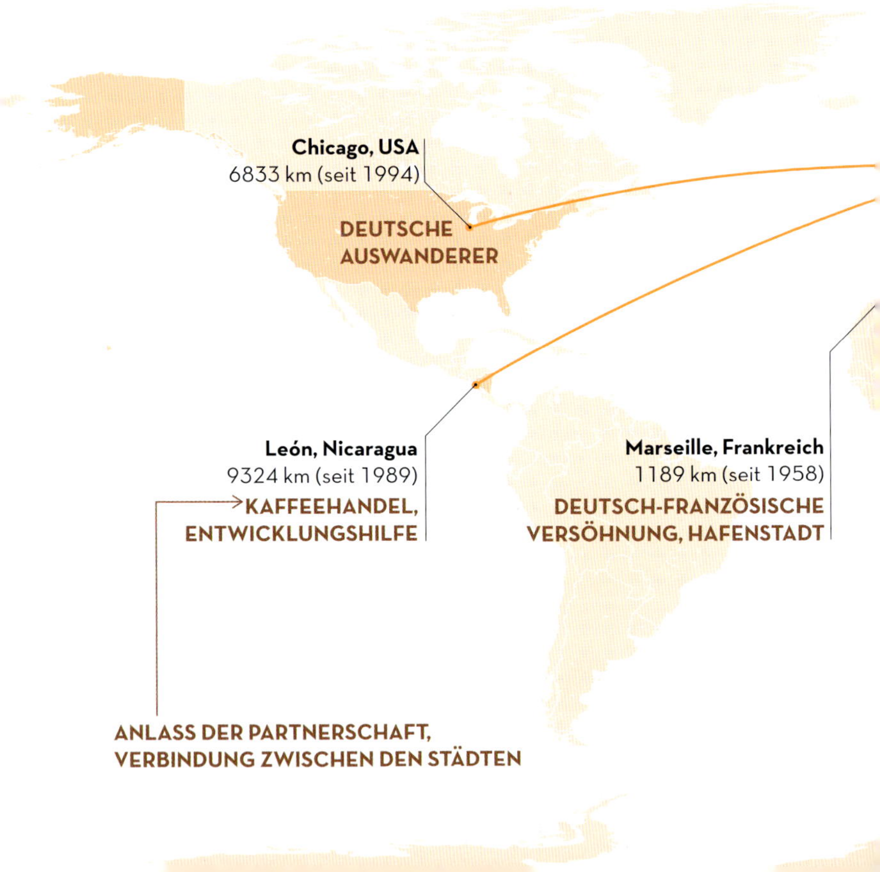

Chicago, USA
6833 km (seit 1994)

**DEUTSCHE
AUSWANDERER**

León, Nicaragua
9324 km (seit 1989)

**KAFFEEHANDEL,
ENTWICKLUNGSHILFE**

Marseille, Frankreich
1189 km (seit 1958)

**DEUTSCH-FRANZÖSISCHE
VERSÖHNUNG, HAFENSTADT**

**ANLASS DER PARTNERSCHAFT,
VERBINDUNG ZWISCHEN DEN STÄDTEN**

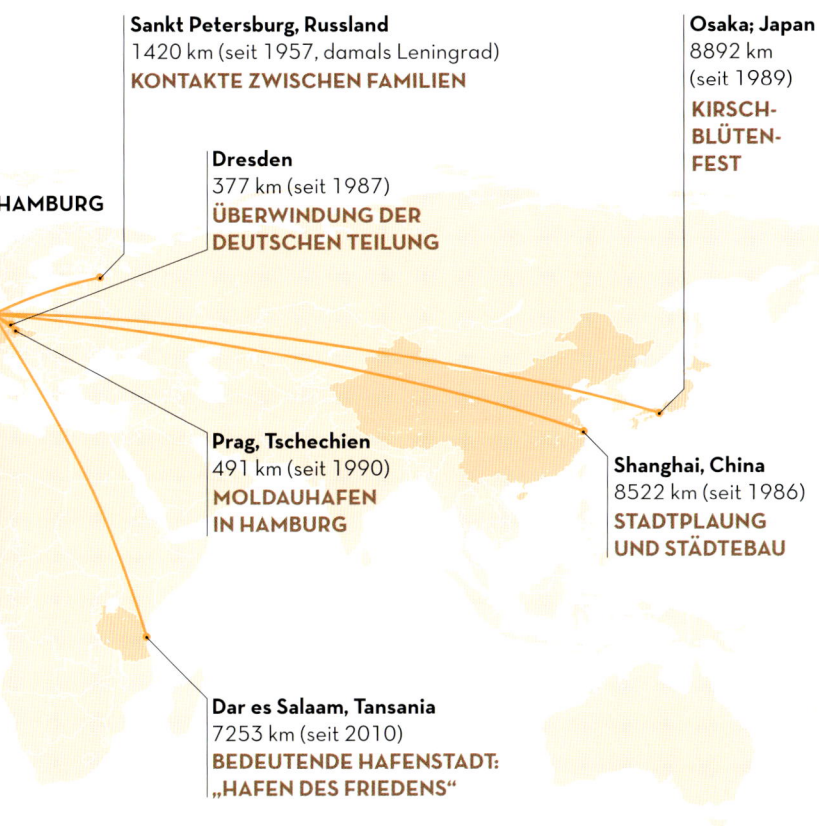

Sankt Petersburg, Russland
1420 km (seit 1957, damals Leningrad)
KONTAKTE ZWISCHEN FAMILIEN

Osaka; Japan
8892 km
(seit 1989)
KIRSCH-
BLÜTEN-
FEST

Dresden
377 km (seit 1987)
ÜBERWINDUNG DER
DEUTSCHEN TEILUNG

HAMBURG

Prag, Tschechien
491 km (seit 1990)
MOLDAUHAFEN
IN HAMBURG

Shanghai, China
8522 km (seit 1986)
STADTPLAUNG
UND STÄDTEBAU

Dar es Salaam, Tansania
7253 km (seit 2010)
BEDEUTENDE HAFENSTADT:
„HAFEN DES FRIEDENS"

38

Konsulate

Chronik der 99 in Hamburg ansässigen Konsulate. Die meisten befinden sich im Gebiet rund um die Außen- und Binnenalster.

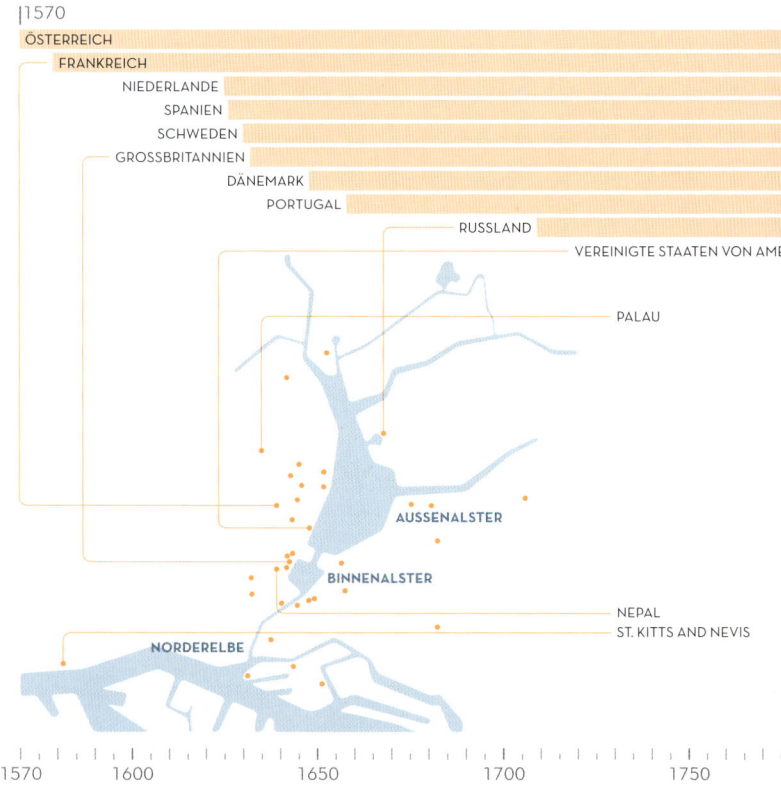

|1570

ÖSTERREICH
FRANKREICH
NIEDERLANDE
SPANIEN
SCHWEDEN
GROSSBRITANNIEN
DÄNEMARK
PORTUGAL
RUSSLAND
VEREINIGTE STAATEN VON AMER
PALAU

AUSSENALSTER

BINNENALSTER

NEPAL
ST. KITTS AND NEVIS

NORDERELBE

1570　　1600　　1650　　1700　　1750

PARAGUAY		KAP VERDE
THAILAND		UGANDA
JAPAN		ZYPERN
RUMÄNIEN		PAPUA-NEUGUINEA
KOREA		NEUSEELAND
SÜDAFRIKA		TSCHECHISCHE REPUBLIK
PANAMA		SYRIEN
NORWEGEN		KENIA
CHINA		TANSANIA
FINNLAND		UNGARN
LUXEMBURG		ESTLAND
POLEN		BULGARIEN
LETTLAND		ALBANIEN
	ISLAND	KROATIEN
	INDIEN	LITAUEN
	MONACO	KASACHSTAN
	INDONESIEN	SLOWENIEN
	MALAYSIA	SLOWAKEI
	GUATEMALA	KIRGISISTAN
BRASILIEN	MAROKKO	NAMIBIA
MEXIKO	IRLAND	1
BELGIEN	GHANA	NEPAL
VENEZUELA	MADAGASKAR	RUANDA
ARGENTINIEN	JORDANIEN	MOLDAU
CHILE	SENEGAL	UKRAINE
GRIECHENLAND	SRI LANKA	SAMBIA
URUGUAY	MALAWI	SERBIEN
PERU	MALTA	2
TÜRKEI	NIGER	JEMEN
KOLUMBIEN	BOTSUANA	MOSAMBIK
ECUADOR	TUNESIEN	3
SCHWEIZ	MALI	SAMOA
COSTA RICA	BANGLADESCH	PALAU
DOMINIKANISCHE REPUBLIK	ÄGYPTEN	BELARUS
IRAN	SEYCHELLEN	MONGOLEI
EL SALVADOR	TUVALU	4

1 TRINIDAD UND TOBAGO
2 EHEM. JUGOSLAWISCHE REP. MAZEDONIEN
3 ST. KITTS AND NEVIS
4 TADSCHIKISTAN

1850   1900   1950   2000

Demografie

Bevölkerung

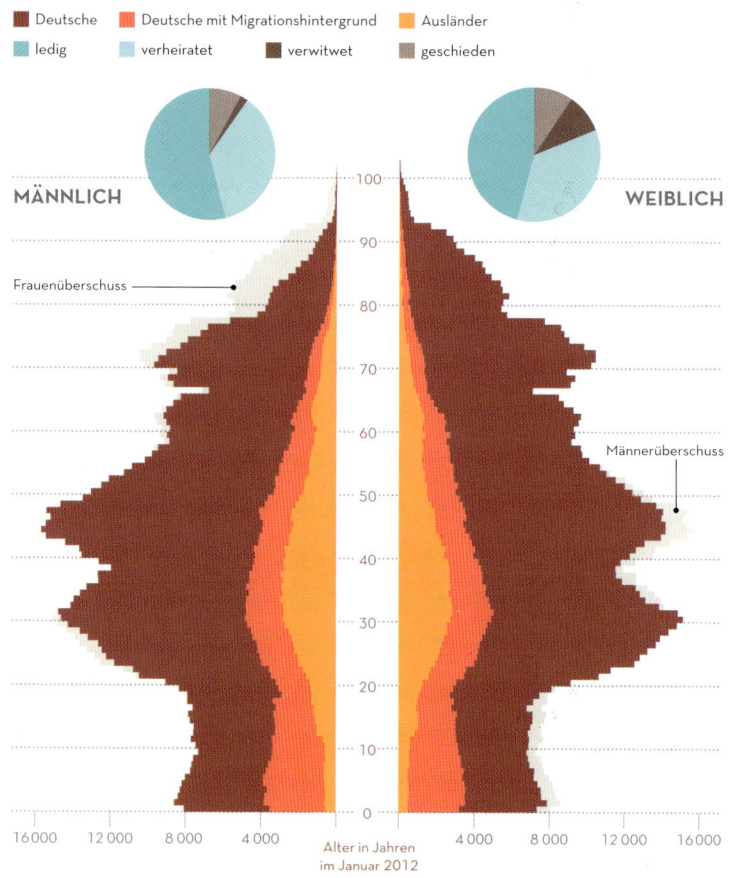

Legende:
- Deutsche
- Deutsche mit Migrationshintergrund
- Ausländer
- ledig
- verheiratet
- verwitwet
- geschieden

MÄNNLICH

WEIBLICH

Frauenüberschuss

Männerüberschuss

16 000   12 000   8 000   4 000

4 000   8 000   12 000   16 000

Alter in Jahren
im Januar 2012

100
90
80
70
60
50
40
30
20
10
0

Bevölkerungsentwicklung

Hamburgs Bevölkerung wächst.

Bevölkerungsbewegung 2012

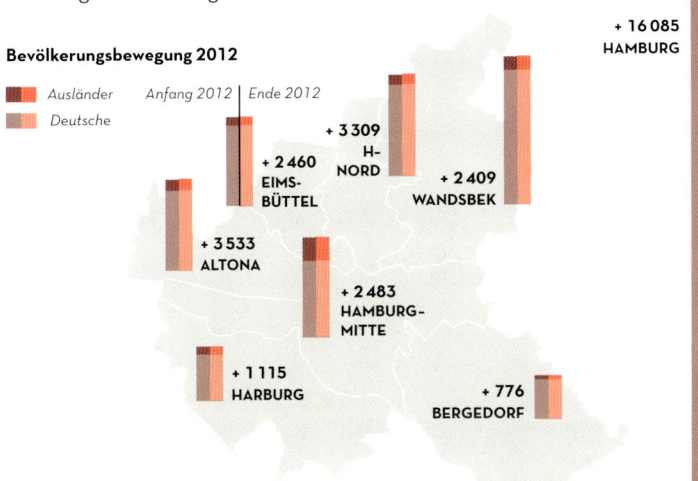

- ■ *Ausländer*
- ■ *Deutsche*

Anfang 2012 | Ende 2012

+ 16 085
HAMBURG

+ 3 309
H-
NORD

+ 2 460
EIMS-
BÜTTEL

+ 2 409
WANDSBEK

+ 3 533
ALTONA

+ 2 483
HAMBURG-
MITTE

+ 1 115
HARBURG

+ 776
BERGEDORF

Wanderungsgewinn 2012

Bremen
Schleswig-Holstein
Niedersachsen
+ 15 350 EW
Ausland
restliches
Bundes-
gebiet

Fortzüge: 78 996   **Zuzüge: 94 346**

Prognose Bevölkerungswachstum

+ 70 000

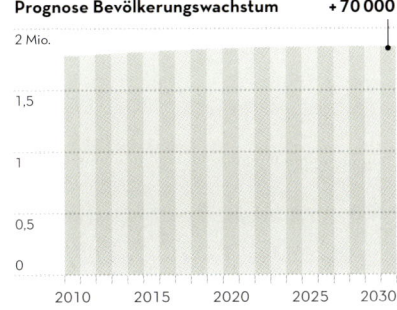

2 Mio.

1,5

1

0,5

0

2010   2015   2020   2025   2030

41

Nationale Vielfalt

Hamburg hat nach Berlin den höchsten Ausländeranteil aller Bundesländer.

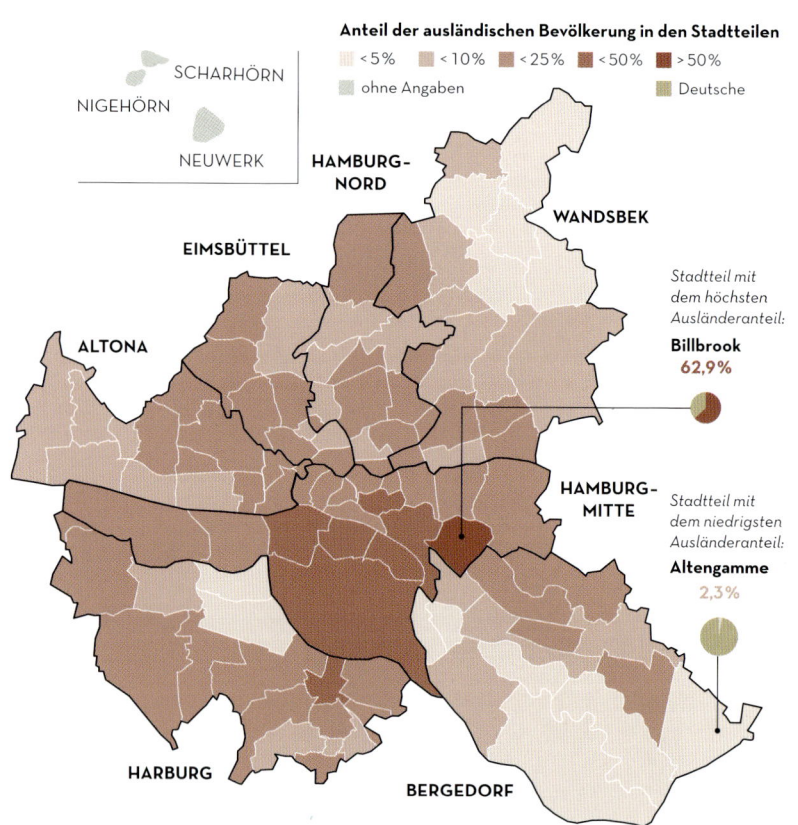

Anteil der ausländischen Bevölkerung in den Stadtteilen

< 5 %   < 10 %   < 25 %   < 50 %   > 50 %

ohne Angaben   Deutsche

SCHARHÖRN

NIGEHÖRN

NEUWERK

HAMBURG-NORD

WANDSBEK

EIMSBÜTTEL

ALTONA

Stadtteil mit dem höchsten Ausländeranteil:

Billbrook
62,9 %

HAMBURG-MITTE

Stadtteil mit dem niedrigsten Ausländeranteil:

Altengamme
2,3 %

HARBURG

BERGEDORF

**Hamburg insgesamt
1 734 272 Einwohner**

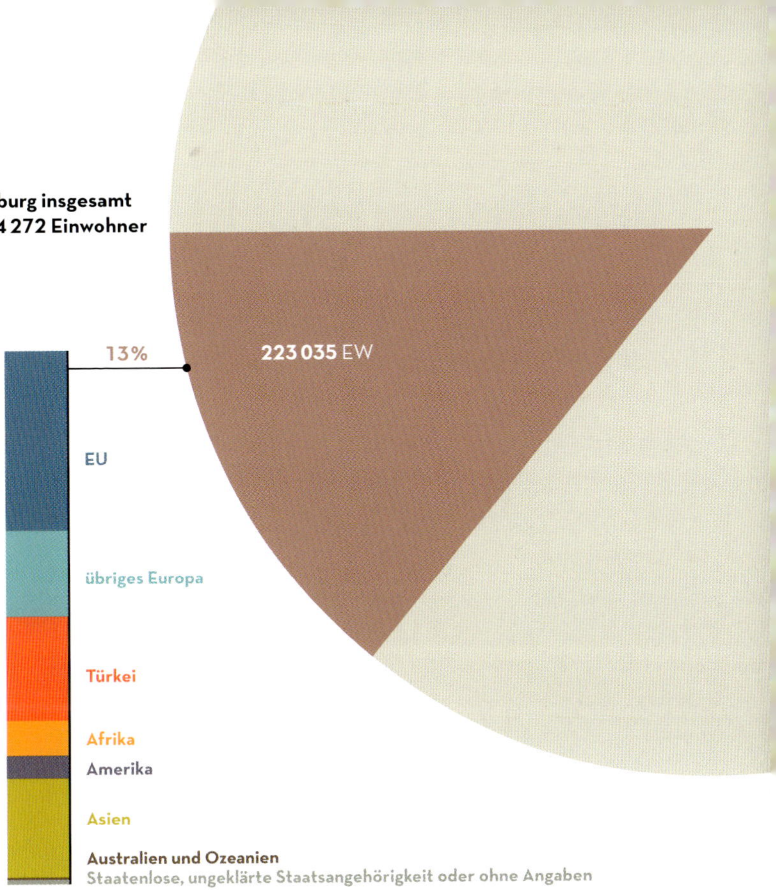

13 %   **223 035** EW

EU

übriges Europa

Türkei

Afrika

Amerika

Asien

Australien und Ozeanien
Staatenlose, ungeklärte Staatsangehörigkeit oder ohne Angaben

Bevölkerungsentwicklung

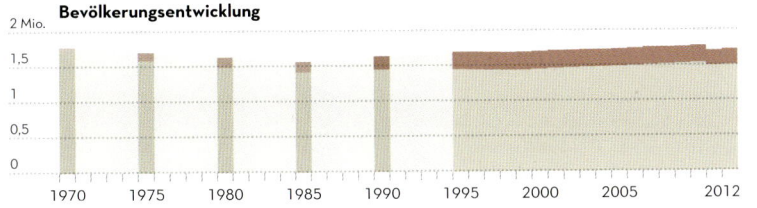

2 Mio.

1,5

1

0,5

0

1970   1975   1980   1985   1990   1995   2000   2005   2012

Bevölkerungsdichte

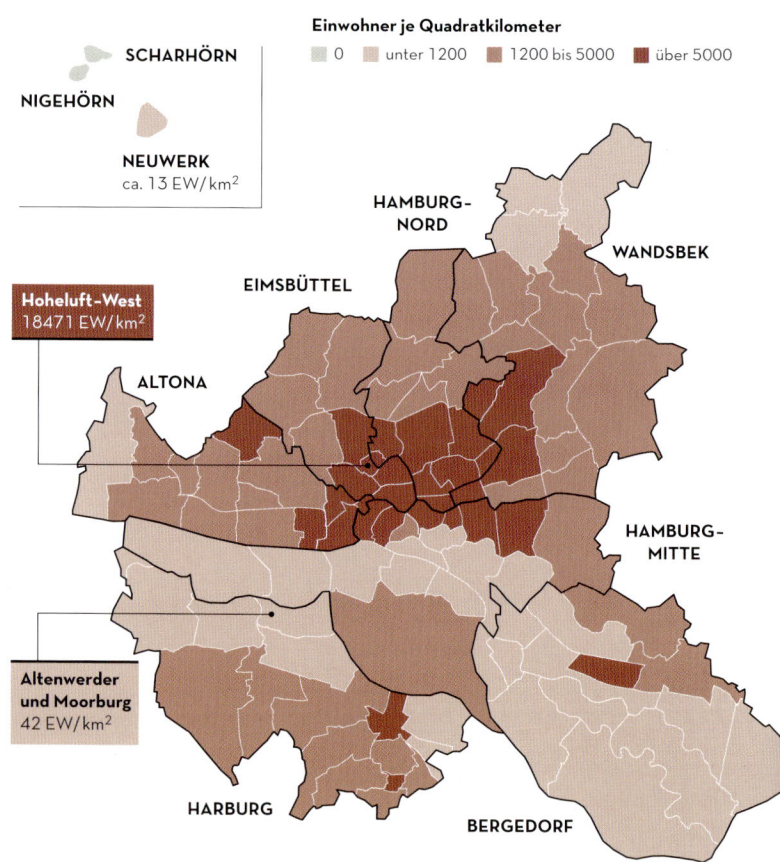

Einwohner je Quadratkilometer

0   unter 1200   1200 bis 5000   über 5000

SCHARHÖRN

NIGEHÖRN

NEUWERK
ca. 13 EW/km²

HAMBURG-
NORD

WANDSBEK

EIMSBÜTTEL

Hoheluft-West
18471 EW/km²

ALTONA

HAMBURG-
MITTE

Altenwerder
und Moorburg
42 EW/km²

HARBURG

BERGEDORF

Wohnsituation

Mehr als die Hälfte der Haushalte in Hamburg sind Single–Haushalte.

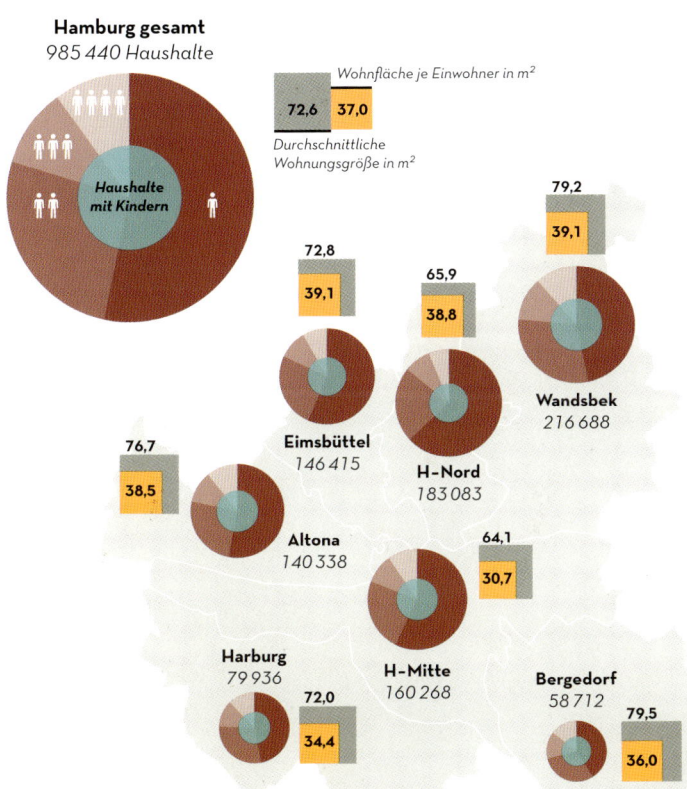

Hamburg gesamt
985 440 Haushalte

Wohnfläche je Einwohner in m²

72,6 37,0

*Durchschnittliche
Wohnungsgröße in m²*

*Haushalte
mit Kindern*

79,2
39,1

72,8
39,1

65,9
38,8

Wandsbek
216 688

Eimsbüttel
146 415

H–Nord
183 083

76,7
38,5

Altona
140 338

64,1
30,7

Harburg
79 936

72,0
34,4

H–Mitte
160 268

Bergedorf
58 712

79,5
36,0

44

Kriminalität

Mehr als 380 000 Straftaten werden pro Jahr gemeldet.

■ aufgeklärte Straftaten   ■ nicht aufgeklärte Straftaten

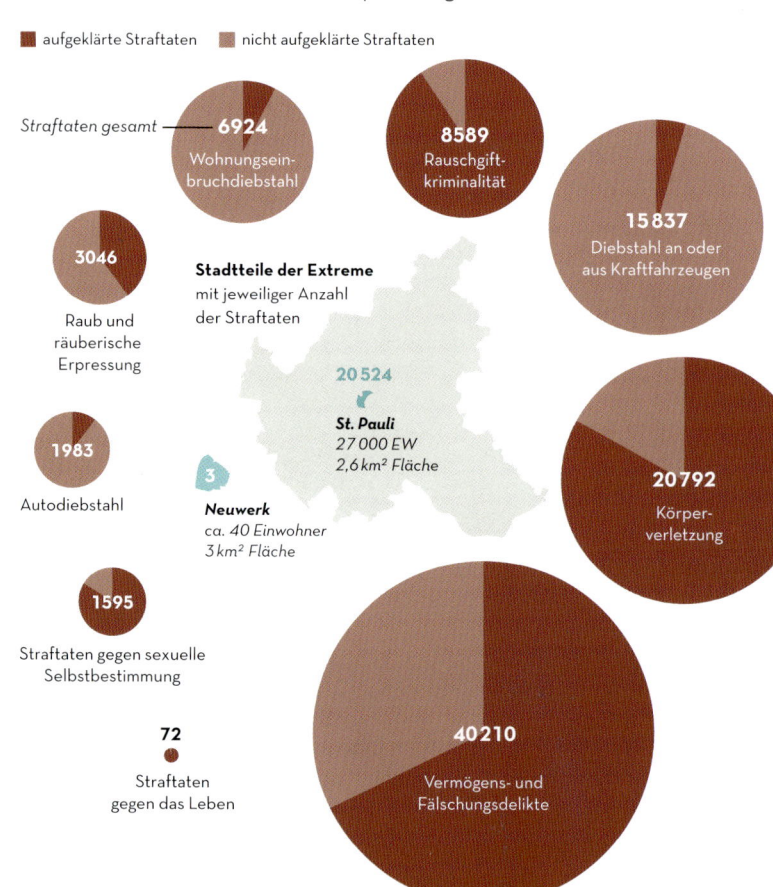

Straftaten gesamt —— **6924**
Wohnungsein-
bruchdiebstahl

8589
Rauschgift-
kriminalität

15 837
Diebstahl an oder
aus Kraftfahrzeugen

3046

Raub und
räuberische
Erpressung

Stadtteile der Extreme
mit jeweiliger Anzahl
der Straftaten

20 524

St. Pauli
27 000 EW
2,6 km² Fläche

1983

Autodiebstahl

3

Neuwerk
ca. 40 Einwohner
3 km² Fläche

20 792
Körper-
verletzung

1595

Straftaten gegen sexuelle
Selbstbestimmung

72
●
Straftaten
gegen das Leben

40 210

Vermögens- und
Fälschungsdelikte

Bildung

Eine Besonderheit in der Bildungspolitik ist die 2010 eingeführte Stadtteil-schule, welche Aufbaugymnasium, Haupt-, Real- und Gesamtschule ersetzt.

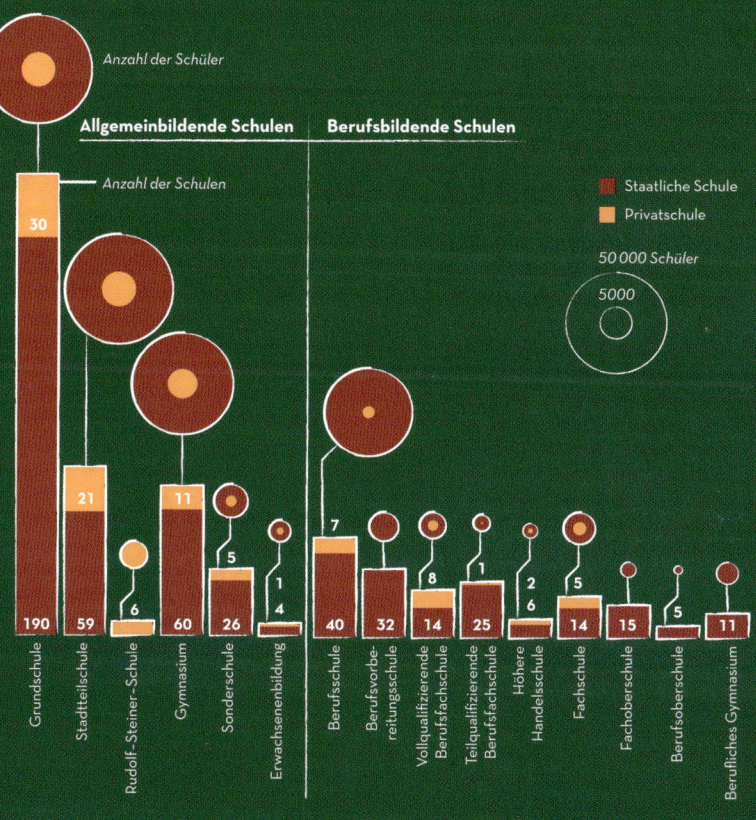

Anzahl der Schüler

Allgemeinbildende Schulen   Berufsbildende Schulen

Anzahl der Schulen

Staatliche Schule
Privatschule

50 000 Schüler

5000

- Grundschule — 30 / 190
- Stadtteilschule — 21 / 59
- Rudolf-Steiner-Schule — 6
- Gymnasium — 11 / 60
- Sonderschule — 5 / 26
- Erwachsenenbildung — 1 / 4
- Berufsschule — 7 / 40
- Berufsvorbereitungsschule — 32
- Vollqualifizierende Berufsfachschule — 8 / 14
- Teilqualifizierende Berufsfachschule — 1 / 25
- Höhere Handelsschule — 2 / 6
- Fachschule — 5 / 14
- Fachoberschule — 15
- Berufsoberschule — 5
- Berufliches Gymnasium — 11

Hochschullandschaft

Von den Hamburger Hochschulen sind
acht in Trägerschaft des Landes Hamburg.

Hochschulen nach Anzahl der Studierenden

■ Hamburgische Trägerschaft
■ Öffentliche Trägerschaft
■ Private Trägerschaft

40 000 Studierende
1000

1. **Universität Hamburg** 40 563

2. **Hochschule für Angewandte Wissenschaften Hamburg** 16 049

3. **HFH Hamburger Fern-Hochschule** 10 145

4. **Technische Universität Hamburg-Harburg** 6713

5. **Europäische Fernhochschule Hamburg** 6152

6. **HafenCity Universität Hamburg** 2421

7. **Helmut-Schmidt-Universität (Universität der Bundeswehr)** 2019

8. **Hochschule für Musik und Theater Hamburg** 1320

9. **EBC Hochschule** 1118

10. **MSH Medical School Hamburg** 1078

11. **NBS Northern Business School** ca. 1000

12. **Hochschule für Bildende Künste Hamburg** 838

13. **HSBA Hamburg School of Business Administration** 795

14. **Bucerius Law School – Hochschule für Rechtswissenschaft** 640

15. **Evangelische Hochschule für Soziale Arbeit & Diakonie in Hamburg** 471

16. **Norddeutsche Akademie für Finanzen und Steuerrecht Hamburg (NoA)** 412

17. **Hochschule der Polizei Hamburg** 243

18. **Berufsakademie Hamburg** 197

19. **Kühne Logistics University – Wissenschaftliche Hochschule für Logistik und Unternehmensführung (KLU)** 178

20. **Brand Academy – Hochschule für Design und Kommunikation** 102

Wirtschaft & Technik

47

Hamburger Erfindungen

1839 **ADVENTSKRANZ**
Johann Heinrich Wichern

1956 **GUMMISCHNULLER**
Müller/Balters

1866 **DYNAMIT**
Alfred Nobel

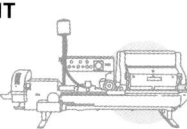

1956 **FILTERANSETZER FÜR ZIGARETTEN**
Körber AG (Hauni)

1882 **LEUKOPLAST**
Paul Carl Beiersdorf

1960 **VENTIL FÜR ZAPFPISTOLEN**

1891 **KREUZSCHIFFFAHRT**
Albert Ballin

1964 **SCHWIMMFLÜGEL**
Bernhard Markwitz

1911 **NIVEA-CREME**
Oscar Troplowitz

1969 **CHIPKARTE**
Jürgen Dethloff & Helmut Göttrup

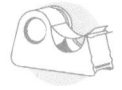

1935 **TESA**
Oscar Troplowitz

Wissenschaftler

Bedeutende in Hamburg geborene oder tätige Wissenschaftler

1600

HENNIG BRAND
Apotheker, Alchimist, Entdecker des Phosphors

1700

1800

WILLIAM STERN
Psychologe

HEINRICH HERTZ
Physiker

CARL FRIEDRICH VON WEIZSÄCKER
Physiker, Philosoph

JAKOB JOHANN V. UEXKÜLL
Zoologe

RALF DAHRENDORF
Soziologe

ERNST CASSIRER
Philosoph

1900

2000

Hamburger Marken

Viele Weltmarken haben ihren Ursprung in Hamburg.

1
Gründung: **1923**
Umsatz: **5,2 Mio. €**
Beschäftigte: **2100**

2
1928
30 Mio. €
245

3
* **1882**
6,1 Mio. €
6300

4
* **1882**
6,1 Mio. €
6300
* geschützte Marke der Beiersdorf AG

5
1968
100 Mio. €
500

6
1909
6,1 Mio. €
6300

7
ehemals Hamburg Manheimer
Gründung: **1853**
Umsatz: **18,55 Mrd. €**
Beschäftigte: **29 768**

8
1949
3,6 Mrd €
ca. 12 300

9
Gründung: **1986**
Umsatz: **238 Mio. €**
Beschäftigte: **unb.**

10
Gründung: **1936**
Umsatz: **308 Mio. €** *
Beschäftigte: **627** *
* Langnese-Iglo GmbH

11
* Gründung: **1936**
Umsatz: **692 Mio. €**
Beschäftigte: **787**

12
Gründung: **1949**
Umsatz: **10,1 Mio. €**
Beschäftigte: **26 102**

Die größten Arbeitgeber

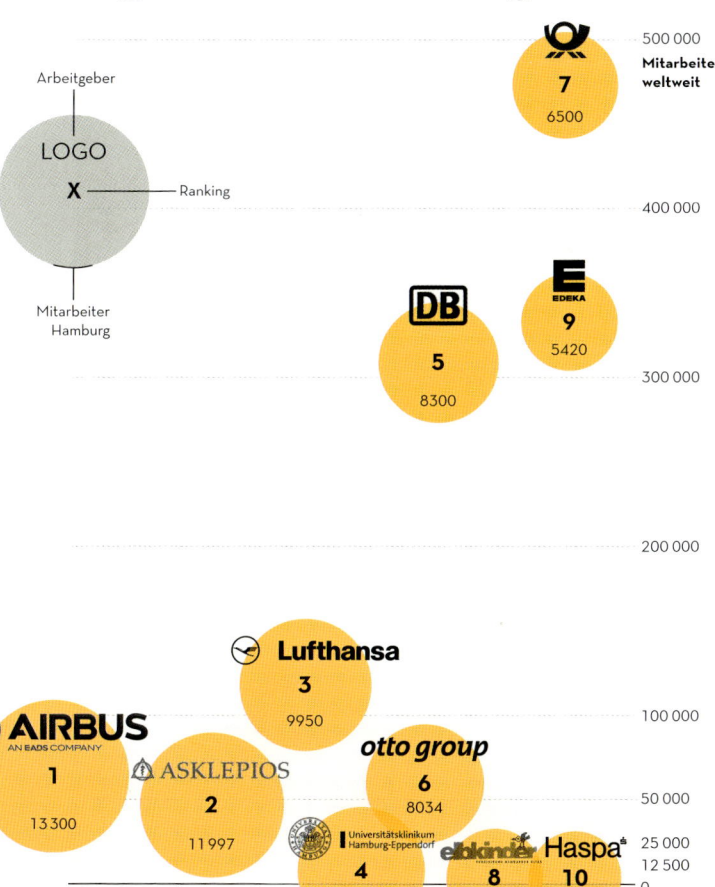

Arbeitgeber

LOGO

X

Ranking

Mitarbeiter
Hamburg

7
6500

500 000

**Mitarbeiter
weltweit**

400 000

DB
5
8300

EDEKA
9
5420

300 000

200 000

Lufthansa
3
9950

100 000

AIRBUS
AN EADS COMPANY
1
13 300

ASKLEPIOS
2
11 997

otto group
6
8034

Universitätsklinikum
Hamburg-Eppendorf
4
9250

elbkinder
8
5428

Haspa
10
5000

50 000

25 000
12 500
0

51

Luftfahrtindustrie

Hamburg ist weltweit der drittgrößte Standort
der zivilen Luftfahrtindustrie.

HAMBURG AVIATION – ausgezeichnet als Spitzencluster

Das Luftfahrtcluster, ein Zusammenschluss aus Wirtschaft, Wissenschaft
und Politik, arbeitet gemeinsam an der Zukunft der Luftfahrt.
Die Karte zeigt eine Auswahl der Mitglieder

3
Kernunter-
nehmen

HAMBURG
AIRPORT

LUFTHANSA
TECHNIK AG

ZAL
Zentrum für
Angewandte
Luftfahrtforschung

AIRBUS

DLR
Deutsches Zentrum
für Luft- und Raumfahrt

Hanse-Aerospace
größter deutscher
Verband der KMU

HECAS
Hanseatic Engineering
& Consulting Association

HCAT
Hamburg Centre of
Aviation Training

300
Zulieferer
Spezialisten
Forschungseinrichtungen
kleine & mittelständische
Unternehmen (KMU)

Hochschulen

40 000
Fachkräfte

Airbus Group – Flugzeugproduktion im internationalen Zusammenspiel

Hamburger Finkenwerder besitzt die größte Endlinie für die **A320**-Familie sowie die kommende **A320neo** Generation. Innerhalb der Airbus Group trägt der Standort die Verantwortung für die Kabinenausstattung. Er ist weiterhin beteiligt an der Produktion der **A330**, **A350** und **A380**.

Für das Modell **A380** wird in Hamburg u.a. die gesamte Innenausstattung und die Lackierung durchgeführt.

Der **Airbus A300-600 ST „Beluga"** transportiert die größeren Flugzeug-Sektionen

Produktionslogistik am Beispiel des Airbus A380

- • Produktionsstandorte
- → LKW-Transport
- → Schiffstransport
- --▸ Flugtransport mit Beluga-Flugzeugen

Produktionsländer
- Deutschland
- Frankreich
- Spanien
- Großbritannien

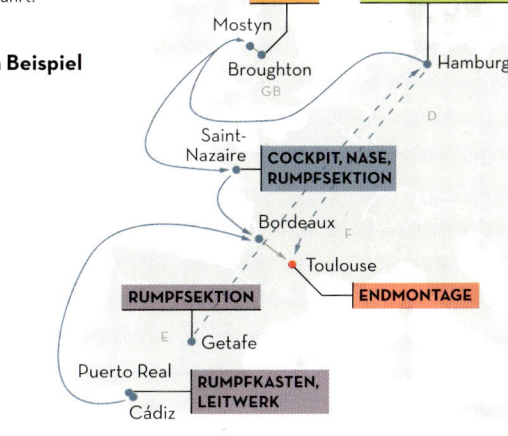

FLÜGEL
Mostyn
Broughton
GB

RUMPFSEKTIONEN, LEITWERK (Stade)
Hamburg
D

Saint-Nazaire
COCKPIT, NASE, RUMPFSEKTION

Bordeaux
F
Toulouse
ENDMONTAGE

RUMPFSEKTION
E
Getafe

Puerto Real
RUMPFKASTEN, LEITWERK
Cádiz

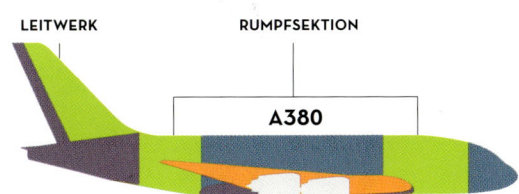

LEITWERK
RUMPFSEKTION
A380

Werbe- & Verlagswelt

Hamburg gilt als „Kreativ-Hauptstadt"
Deutschlands.

**Dichte der
Werbeagenturen**

	unter 25
	25 bis 49
	50 bis 74
	75 bis 100

Poppenbüttel

Sasel

92
Eimsbüttel

102
Winterhude

Rahlstedt

Bahrenfeld
Ottensen

Altona-
Altstadt

Altstadt
78

St. Pauli
82

**Deutschlands
älteste Werbeagentur**
gegründet 1876 als
„Centrale Annoncen Büro
William Wilkens"
seit 2007: „Draftfcb"

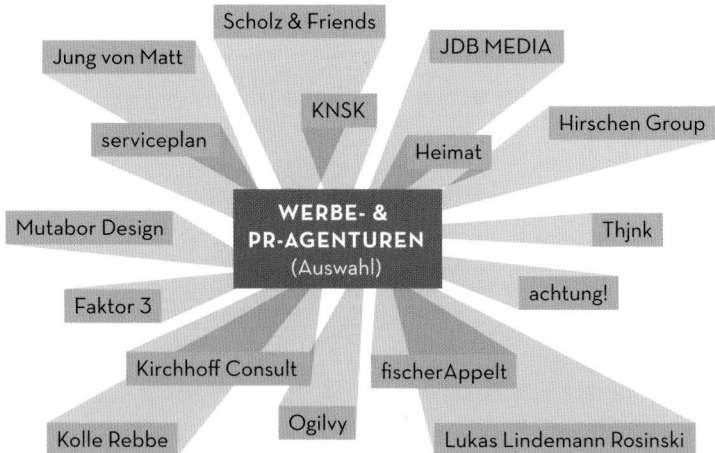

Scholz & Friends

Jung von Matt

JDB MEDIA

KNSK

serviceplan

Heimat

Hirschen Group

Mutabor Design

**WERBE- &
PR-AGENTUREN**
(Auswahl)

Thjnk

Faktor 3

achtung!

Kirchhoff Consult

fischerAppelt

Kolle Rebbe

Ogilvy

Lukas Lindemann Rosinski

Verlage und Zeitungen/Zeitschriften
(Auswahl)

essen & trinken

Geo Wissen

Beef

Geo

Stern

Gala

Gruner + Jahr

View

Brigitte

Schöner Wohnen

Das Neue Blatt

Neue Post

Bauer Media Group

TV Hören und Sehen

TV Movie

brand eins

brand eins Verlag

Spiegel Geschichte

Der Spiegel

Spiegel Wissen

Spiegel-Verlag

manager magazin

Harvard Business Manager

TV Today

Cinema

Hubert Burda Media

Fit for Fun

TV Spielfilm

Zeit Geschichte

ZEIT Verlagsgruppe

Die Zeit

Zeit Wissen

Hamburger Morgenpost

PAGE

Morgenpost Verlag

(Ebner Verlag)

Hamburger Abendblatt

(Funke Mediengruppe)

Merian

petra

Jahreszeiten Verlag

Für Sie

Architektur & Wohnen

Computer Bild Spiele

Computer Bild

Sport Bild

Axel Springer SE

Auto Bild

Auto Video Foto Bild

53

Reichtum

Die reichsten Hamburger Unternehmer
und ihr Vermögen in Milliarden Euro

 Ein Geldbündel steht für 1 Milliarde Euro.

 8,6

Familie Otto
Otto Group, ECE
Versandhandel,
Immobilien

 5,3

Klaus-Michael Kühne
Kühne + Nagel
Spedition, Reederei

 4,5

Ingeburg Herz
Tchibo, Beiersdorf
Nahrungsmittel,
Kosmetik

 3,6

Familie Günter Herz
Mayfair
Beteiligungen,
Kapitalanlagen

 3,6

**Fam. Daniela
Herz-Schnoeckel**
Mayfair
Beteiligungen,
Kapitalanlagen

 2,8

Familie Bauer
Bauer Media Group
Medien

 2,6

Günther Fielmann
Fielmann
Optiker

 2,3

Familie Jahr
Gruner + Jahr
Medien,
Beteiligungen

 2,2

Familie Weisser
Marquard & Bahls
Ölhandel

Tourismus

Hamburg steht nach Berlin und München an dritter Stelle
der beliebtesten Städtereiseziele in Deutschland.

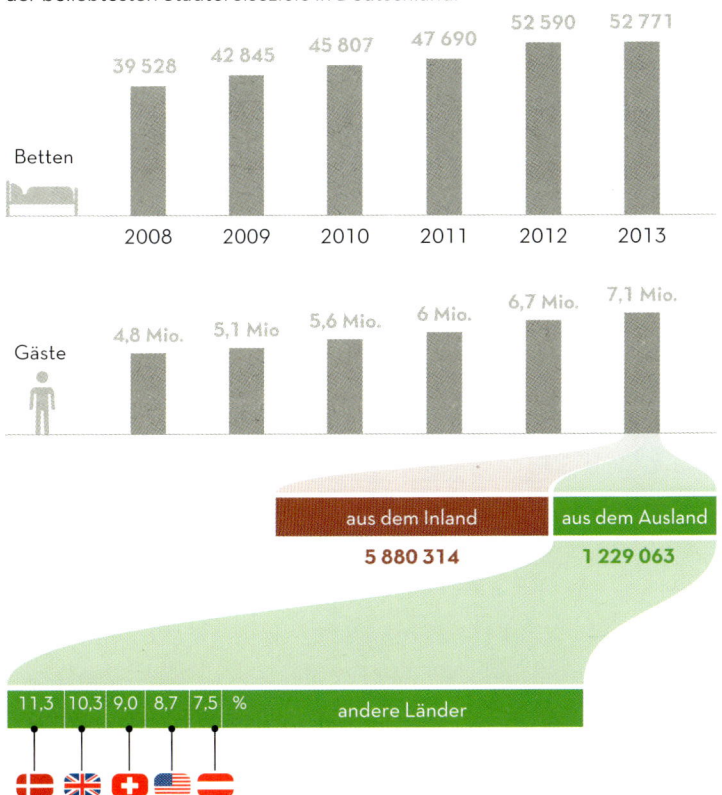

Betten

2008	2009	2010	2011	2012	2013
39 528	42 845	45 807	47 690	52 590	52 771

Gäste

4,8 Mio. · 5,1 Mio · 5,6 Mio. · 6 Mio. · 6,7 Mio. · 7,1 Mio.

aus dem Inland **5 880 314**
aus dem Ausland **1 229 063**

11,3 | 10,3 | 9,0 | 8,7 | 7,5 | % — andere Länder

DK · GB · CH · US · AT

Hafen

55

Hafenübersicht

Der Hafen ist seit mehr als 800 Jahren Hamburgs „Tor zur Welt" und heute Arbeitsstätte von über 62 000 Menschen. Gemessen am Güterumschlag ist er der achtgrößte Hafen der Welt und nach Rotterdam der zweitgrößte Europas.

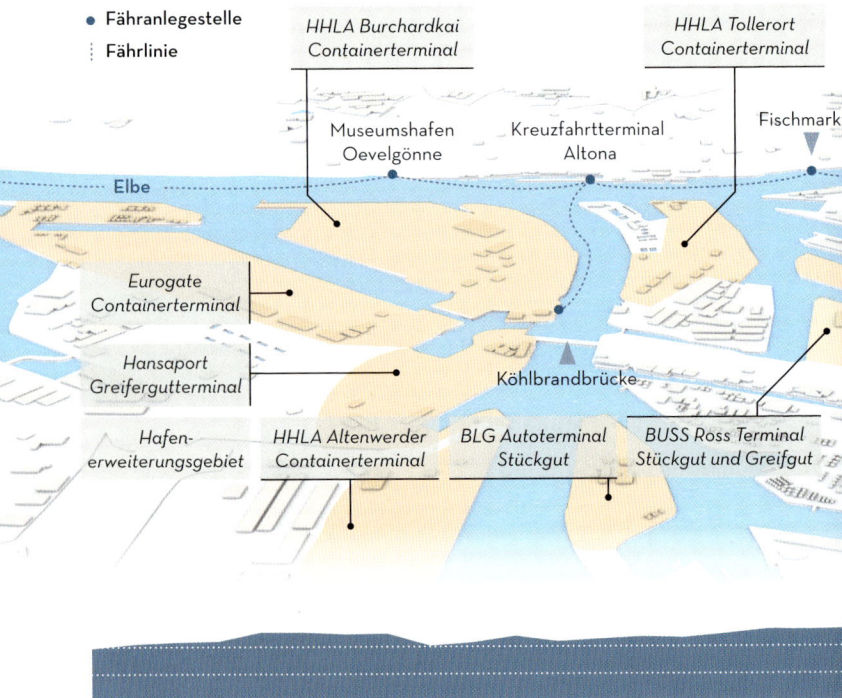

- ● Fähranlegestelle
- ⋮ Fährlinie

HHLA Burchardkai Containerterminal

HHLA Tollerort Containerterminal

Museumshafen Oevelgönne

Kreuzfahrtterminal Altona

Fischmarkt

Elbe

Eurogate Containerterminal

Hansaport Greiferguterminal

Köhlbrandbrücke

Hafen-erweiterungsgebiet

HHLA Altenwerder Containerterminal

BLG Autoterminal Stückgut

BUSS Ross Terminal Stückgut und Greifgut

1980

1990

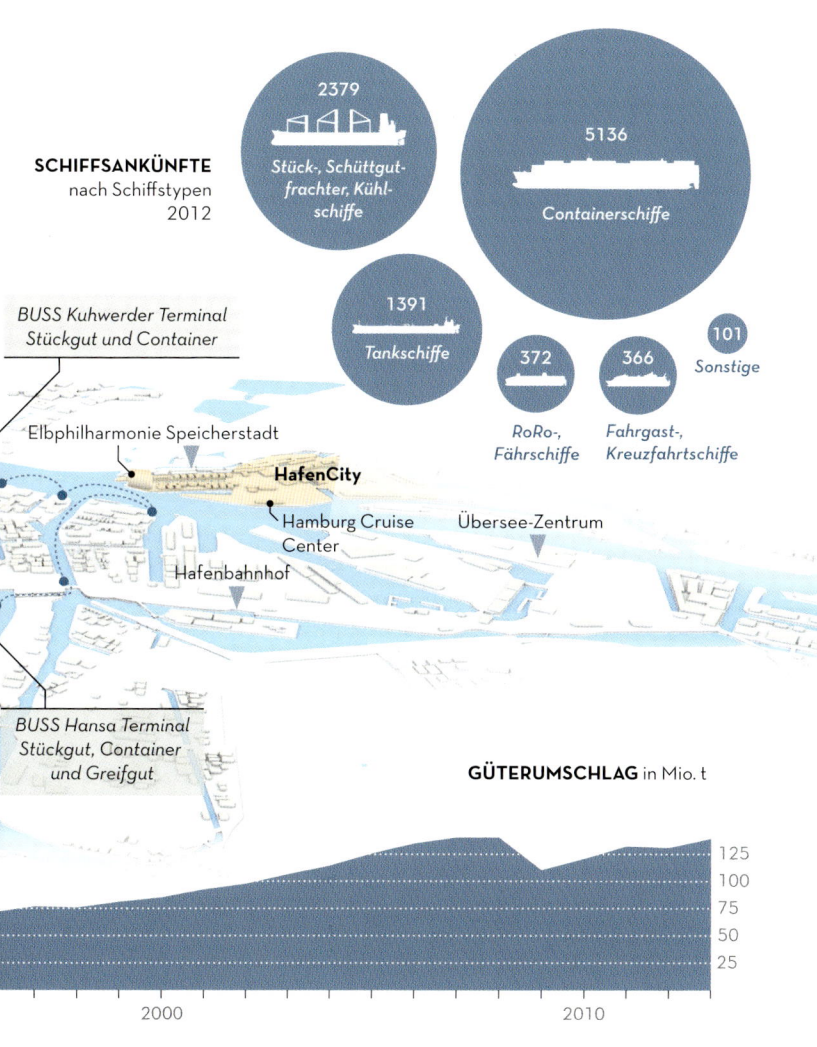

SCHIFFSANKÜNFTE
nach Schiffstypen
2012

2379
Stück-, Schüttgut-
frachter, Kühl-
schiffe

5136
Containerschiffe

1391
Tankschiffe

372
RoRo-,
Fährschiffe

366
Fahrgast-,
Kreuzfahrtschiffe

101
Sonstige

BUSS Kuhwerder Terminal
Stückgut und Container

Elbphilharmonie Speicherstadt

HafenCity

Hamburg Cruise
Center

Übersee-Zentrum

Hafenbahnhof

BUSS Hansa Terminal
Stückgut, Container
und Greifgut

GÜTERUMSCHLAG in Mio. t

125
100
75
50
25

2000

2010

56

Containerschiffe

Jährlich laufen etwa 10 000 Seeschiffe den Hamburger Hafen an.
Mehr als die Hälfte davon sind Containerschiffe. Größter Handelspartner
beim Güterumschlag ist China.

Güterumschlag

Massengutumschlag (Greifergut, Sauggut, Flüssigladung)
Stückgutumschlag (Container, Kisten, Paletten, Maschinen)

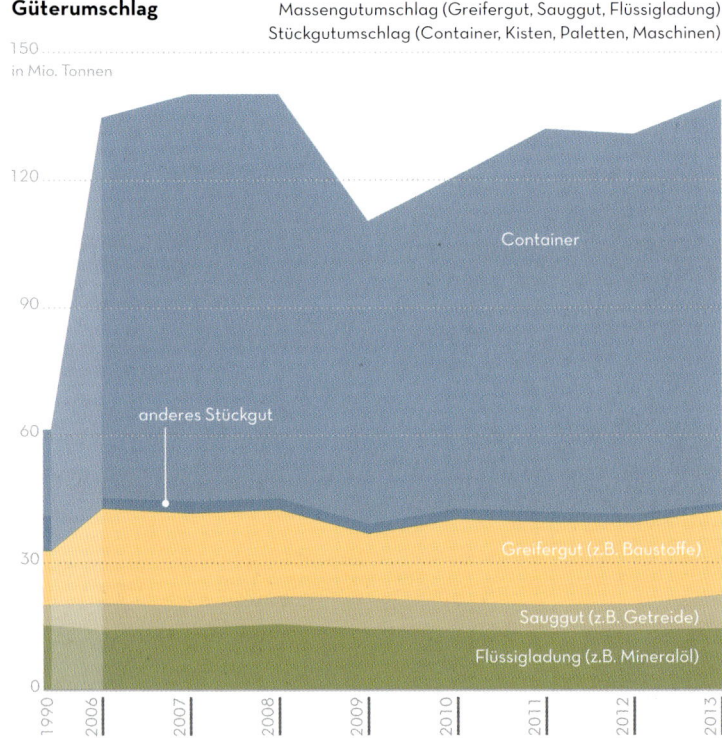

in Mio. Tonnen

Größenklassen der Containerschiffe im Hamburger Hafen

	Fracht*	Tiefgang	Länge	Breite
14 000 TEU		15,5 m	366 m	52 m
10 000 TEU		15,0 m	350 m	46 m
8000 TEU		14,5 m	316 m	43 m
6000 TEU		13,5 m	290 m	40 m
4000 TEU		12,5 m	260 m	32 m

* 1 TEU (**T**wenty-foot **E**quivalent **U**nit) = 1 Container (Länge: 20 Fuß, Breite: 8 Fuß, Höhe: 8 1/2 Fuß entspricht: Länge: 6,058 m, Breite: 2,438 m, Höhe: 2,591 m)

Museumsschiffe

Im Hamburger Hafen liegen historische Schiffe, die zu einem Museum umfunktioniert wurden und besichtigt werden können.

RICKMER RICKMERS
1896 erbaut, Großsegler
heute: Museumsschiff, Restaurant
Lage: Fiet-Schmidt-Anleger

FEUERSCHIFF
1952 erbaut, Seezeichen für Schifffahrt
heute: Restaurant, Bar, Bühne, Cabins (Unterkunft)
Lage: City Sporthafen, Vorsetzen

CAP SAN DIEGO
1961/62 erbaut, Frachtschiff
heute: Museumsschiff
Lage: Überseebrücke

weitere Besichtigungsorte:
Museumsschiff MS Bleichen, Museumshafen Oevelgönne,
Traditionsschiffhafen Sandtorhafen, Hafenmuseum,
Internationales Maritimes Museum, Zollmuseum

U-BOOT U-434
1976 erbaut, russisches Spionage-U-Boot (Tango-Klasse)
heute: Museumsschiff
Lage: St. Pauli Fischmarkt 10

Reedereien & Werften

Von den ca. 400 deutschen Reedereien (Schifffahrtsunternehmen) haben die meisten ihren Sitz in Hamburg, darunter die Hapag Lloyd, die weltweit eine der größten Containerschiffsflotten unterhält.

Reedereistandorte in Deutschland

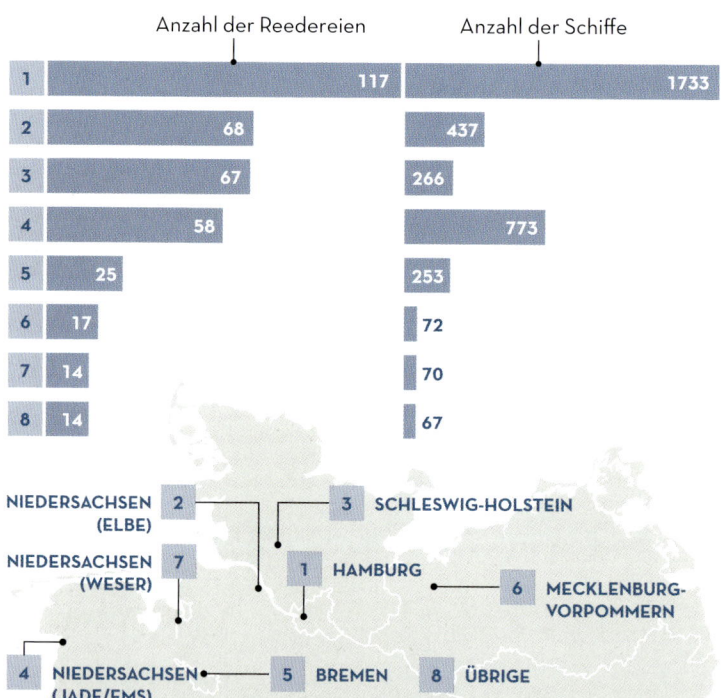

Anzahl der Reedereien | Anzahl der Schiffe

	Reedereien		Schiffe
1	117		1733
2	68		437
3	67		266
4	58		773
5	25		253
6	17		72
7	14		70
8	14		67

NIEDERSACHSEN (ELBE) — 2
NIEDERSACHSEN (WESER) — 7
NIEDERSACHSEN (JADE/EMS) — 4
3 — SCHLESWIG-HOLSTEIN
1 — HAMBURG
6 — MECKLENBURG-VORPOMMERN
5 — BREMEN
8 — ÜBRIGE

Anzahl der Beschäftigten in deutschen Werften

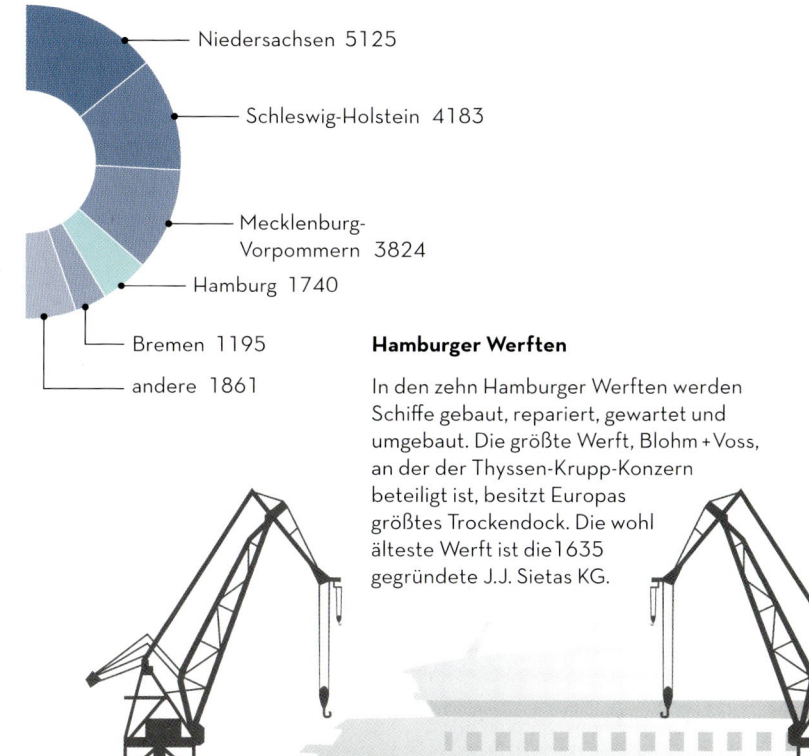

Niedersachsen 5125

Schleswig-Holstein 4183

Mecklenburg-Vorpommern 3824

Hamburg 1740

Bremen 1195

andere 1861

Hamburger Werften

In den zehn Hamburger Werften werden Schiffe gebaut, repariert, gewartet und umgebaut. Die größte Werft, Blohm + Voss, an der der Thyssen-Krupp-Konzern beteiligt ist, besitzt Europas größtes Trockendock. Die wohl älteste Werft ist die 1635 gegründete J.J. Sietas KG.

Blohm+Voss

Kreuzfahrt

Albert Ballin, ehemaliger Generaldirektor der Hamburger HAPAG (Hamburg-Amerikanische Packetfahrt-Aktiengesellschaft), erfand die Kreuzschifffahrt – damals noch als „Bildungs- und Vergnügungsfahrten" bezeichnet. Hamburg ist somit Heimathafen der Kreuzschifffahrt.

Terminals für Kreuzfahrtschiffe

 **A** **Hamburg Cruise Center Altona**

  Liegeplätze: 1
  Kailänge: 360 m
  max. Tiefe: 10,6 m
  Terminal: 1500 m²

B **Kreuzfahrtterminal HafenCity**

  Liegeplätze: 2
  Kailänge: 460 m
  max. Tiefe: 12 m
  Terminal 1: 1200 m²
  Terminal 2: 1200 m²

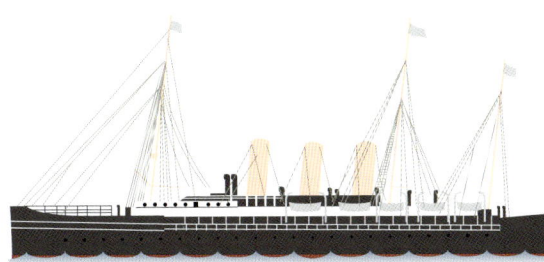

Auguste Victoria
Der Schnelldampfer wurde „zweckentfremdet" und lief 1891 zur ersten Kreuzfahrt aus.

MS Europa 2
Das Kreuzfahrtschiff gilt als eines der modernsten.

Ankünfte von Kreuzfahrtschiffen im Hamburger Hafen

2010	88
2011	104
2012	152

Passagieraufkommen im Hamburger Hafen

2010	245 761
2011	314 494
2012	430 329

Beliebteste Reiseziele sind das westliche und östliche Mittelmeer sowie Norwegen, Island, Spitzbergen, Grönland und die Karibik.

60

Flaggensignale

Im Schulauer Fährhaus (Ortsteil Wedel) werden seit 1952 in den Hafen ein- und auslaufende Schiffe begrüßt und verabschiedet („Willkomm Höft").

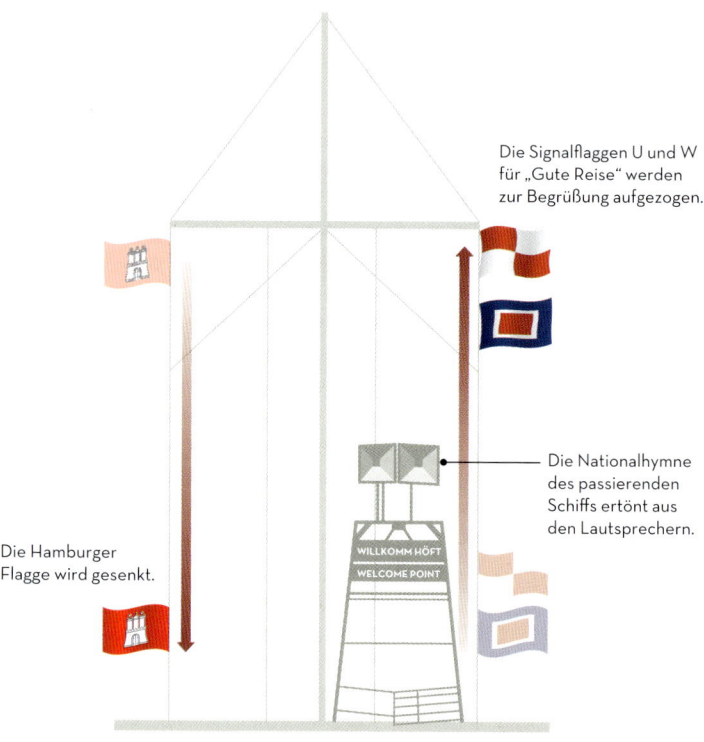

Die Signalflaggen U und W für „Gute Reise" werden zur Begrüßung aufgezogen.

Die Nationalhymne des passierenden Schiffs ertönt aus den Lautsprechern.

Die Hamburger Flagge wird gesenkt.

Alpha „Taucher unten / halte Abstand"

Internationales Flaggenalphabet

 Bravo „Gefährliche Ladung"

 Charlie „Ja"

 Delta „Abstand halten"

 Echo „Ändere Kurs auf Steuerbord"

 Foxtrot „Manövrierunfähig"

 Golf „Benötige Lotsen"

 Hotel „Lotse an Bord"

 India „Ändere Kurs auf Backbord"

 Juliet „Feuer an Bord"

 Kilo „Verbindung erwünscht"

 Lima „Sofort stoppen"

 Mike „Fahrzeug ist gestoppt"

 November „Nein"

 Oscar „Mann über Bord"

 Papa „Schiff läuft aus"

 **Quebec** „An Bord alles gesund"

 Romeo „Kurs ist klar"

 Sierra „Maschine geht rückwärts"

 **Tango** „Abstand halten, Netze ausgelegt"

 Uniform „Sie begeben sich in Gefahr"

 Victor „Ich benötige Hilfe"

 Whiskey „Benötige ärztliche Hilfe"

 X-Ray „Stop – meine Signale abwarten"

 Yankee „Treibe vor Anker"

 Zulu „Benötige Schlepper"

Rund ums Schiff

Richtungsangaben

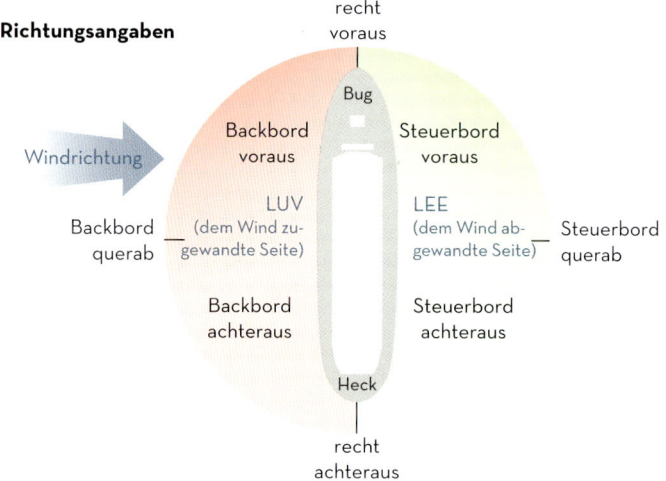

recht voraus

Bug

Backbord voraus

Steuerbord voraus

Windrichtung

LUV
(dem Wind zu-gewandte Seite)

LEE
(dem Wind ab-gewandte Seite)

Backbord querab

Steuerbord querab

Backbord achteraus

Steuerbord achteraus

Heck

recht achteraus

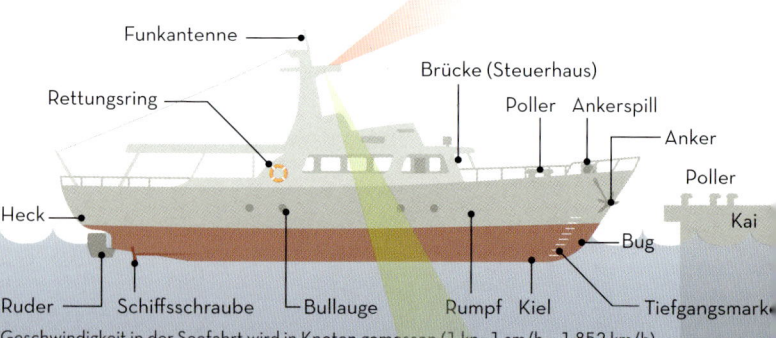

Funkantenne

Brücke (Steuerhaus)

Rettungsring

Poller

Ankerspill

Anker

Poller

Heck

Kai

Ruder

Schiffsschraube

Bullauge

Rumpf

Kiel

Bug

Tiefgangsmark

Geschwindigkeit in der Seefahrt wird in Knoten gemessen (1 kn = 1 sm/h = 1,852 km/h).

Seemannsknoten

Ein Seemannsknoten muss zwei Zwecke erfüllen:
Er muss halten und er muss sich leicht lösen lassen.
Die wichtigsten:

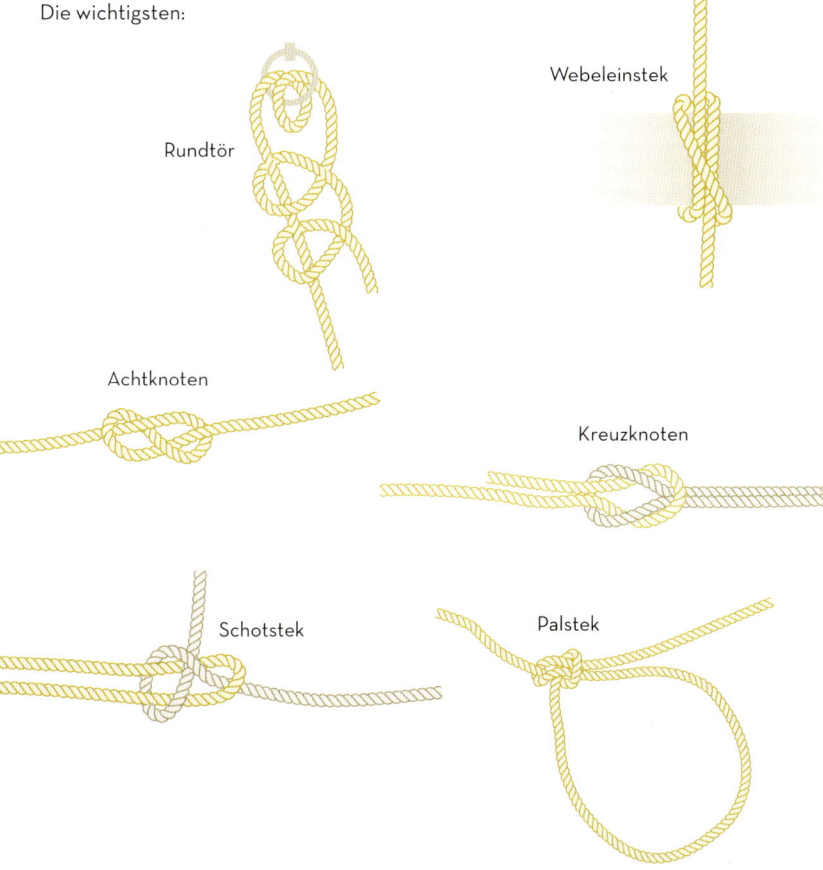

Webeleinstek

Rundtör

Achtknoten

Kreuzknoten

Schotstek

Palstek

Hamburger Fischmarkt

Bereits seit 1703 durfte sonntags in Altona gehandelt werden. Anfang des 18. Jh.s wurden außer Fisch noch Obst, Gemüse und Pflanzen angeboten. Heute ist der Fischmarkt unter freiem Himmel vor allem Touristenattraktion oder lädt ein zum Bummeln.

Fischauktionshalle
„Kathedrale des Fischs"
1895 gebaut, heutige Nutzung:
Konzerte, Events, Sonntagsbrunch

Verkaufsfläche Fischmarkt
Öffnungszeiten: jeden Sonntag
November bis März: 7:00-9:30 Uhr
April bis Oktober: 5:00-9:30 Uhr

70 000 **300** Händler pro Woche **60%** Stammhändler
(Sommer) Besucher pro Woche
20 000 m² Verkaufsfläche **36 000 Tonnen** Frischfisch & Meeresfrüchte jährlich

„Urgesteine" des Hamburger Fischmarkts

Clemens Grimm verkauft Kaninchen

„Aale-Dieter" (Dieter Bruhn) verkauft geräucherten Fisch

„Bananen-Fred" (Dirk Radack) verkauft Obst

„Kartoffel-Hans" (Hans Pertold) verkauft Kartoffeln und saisonales Gemüse

„Blumen-König" (Roberto Saarloos) verkauft Pflanzen und Blumen

„Vogel-Jakob" (Hans Ohlmeier) verkauft Flöten mit Nachtigallenstimmen

Warenangebot auf dem sonntäglichen Hamburger Fischmarkt

Fisch, Meeresfrüchte, Räucherfisch

Fisch am Imbiss

Fleisch und Wurst

Souvenirs

Backwaren

Kleinwaren

Obst und Gemüse

Kleintiere

Textilien

Pflanzen und Blumen

Elbtunnel

Der alte Elbtunnel war der erste große Unterwassertunnel auf dem europäischen Festland. Vorbild war der Clyde Tunnel im schottischen Glasgow.
Viele Hafenarbeiter konnten nun, anstatt die Fähre nehmen zu müssen,
schnell und kostenlos zu ihrer Arbeit im Hafen am südlichen Elbufer ge-
langen – in Spitzenjahren benutzten ihn bis zu 19 Mio. Menschen täglich.

DER NEUE ELBTUNNEL

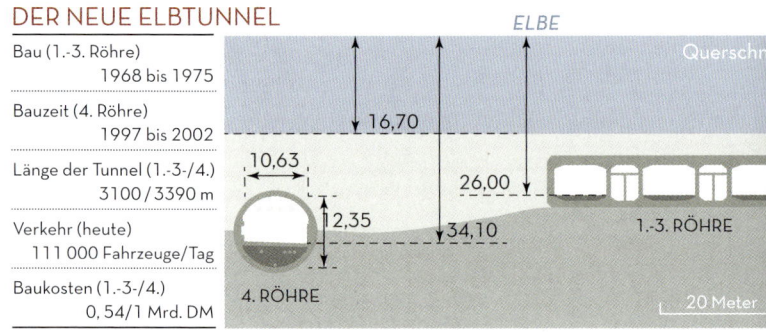

Bau (1.-3. Röhre)	1968 bis 1975
Bauzeit (4. Röhre)	1997 bis 2002
Länge der Tunnel (1.-3.-/4.)	3100 / 3390 m
Verkehr (heute)	111 000 Fahrzeuge/Tag
Baukosten (1.-3.-/4.)	0, 54/1 Mrd. DM

ELBE

Querschn

16,70

10,63

26,00

12,35

34,10

1.-3. RÖHRE

4. RÖHRE

20 Meter

Othmarschen   Ottensen   Altona

ELBE

NEUER
ELBTUNNEL

Waltershof

DER ALTE ELBTUNNEL / ST. PAULI ELBTUNNEL

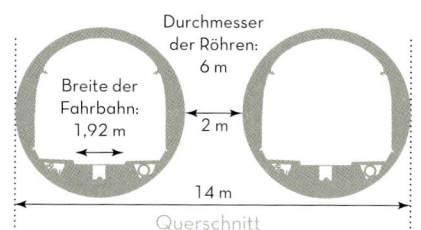

Durchmesser der Röhren: 6 m

Breite der Fahrbahn: 1,92 m

2 m

14 m

Querschnitt

Baubeginn	1907
Bauende	1911
Fahrstuhl (Fahrzeuge)	6
Länge des Tunnels	426,5 m
Baukosten	10,7 Mio. Goldmark
Verkehr	täglich 2500 Personen

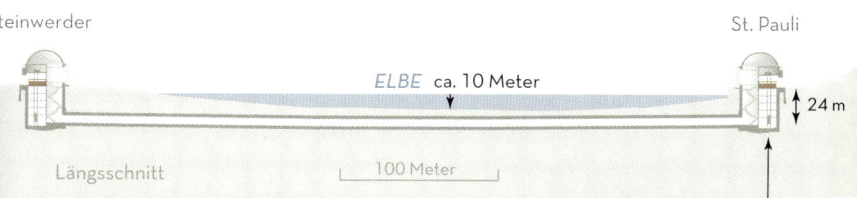

teinwerder

St. Pauli

ELBE ca. 10 Meter

24 m

Längsschnitt

100 Meter

Nutzungsgebühren:
Fußgänger und Radfahrer: Nutzung kostenlos
Kraftfahrzeuge: Einzelfahrschein 2,00 Euro
(erhältlich am Automaten während
der Kfz-Betriebszeiten)
Maximale Fahrzeugabmessungen:
Spurmaß: 1,90 m (Abstand zwischen den Außenseiten der Räder)
Breite: 2,20 m, Länge: 9,50 m, Höhe: 3,40 m

Die Fördertechnik
Die Fahrstuhlschächte
mit einer Länge von 2 und
einer Höhe von 24 Metern
sind eine Besonderheit
des Elbtunnels.

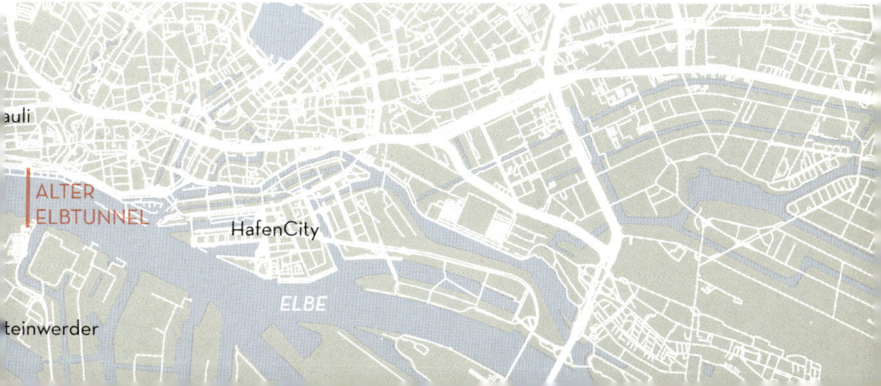

auli

ALTER
ELBTUNNEL

HafenCity

ELBE

teinwerder

Mobilität

65

Das Straßennetz

Hamburg verfügt über 83 km Autobahn und
117 km Bundesstraßen (Stand 2011).

**Autobahnen,
Bundesstraßen
und Ringe**

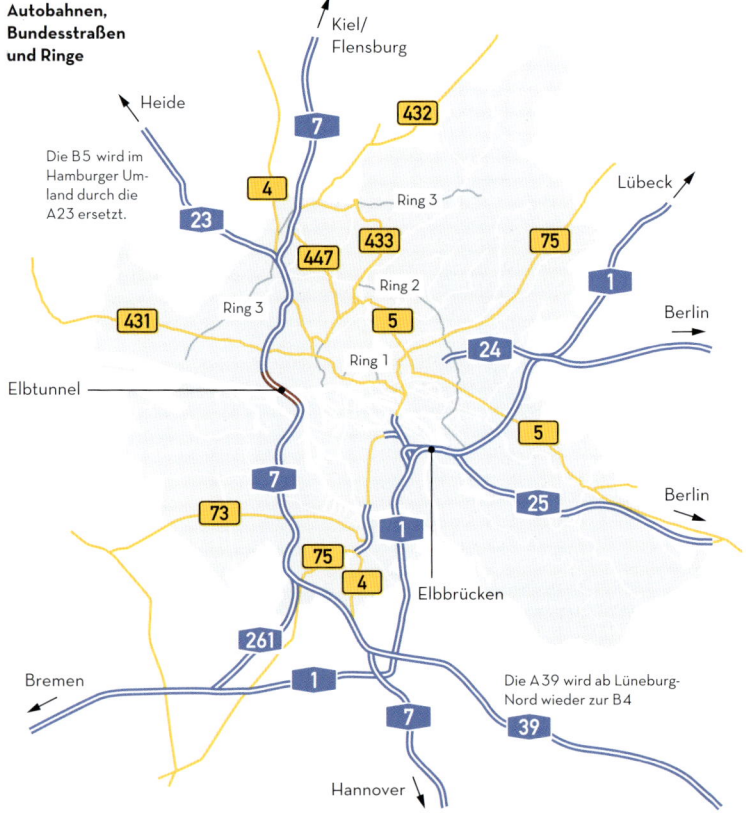

Heide

Kiel/
Flensburg

432

7

Die B 5 wird im
Hamburger Um-
land durch die
A 23 ersetzt.

4

23

447

Ring 3

433

Lübeck

75

Ring 2

1

431

Ring 3

5

Berlin

Elbtunnel

Ring 1

24

5

7

25

Berlin

73

1

75

4

Elbbrücken

Bremen

261

Die A 39 wird ab Lüneburg-
Nord wieder zur B 4

1

7

39

Hannover

Hamburgs direkte Anschlüsse (deutschlandweit)

Schienenverkehr

Der Hamburger Verkehrsverbund (HVV) wurde 1965 gegründet und ist der älteste Verkehrsverbund der Welt. Ca. 2,4 Mio. Fahrgäste nutzen täglich die öffentlichen Verkehrsmittel. Etwa 60 % davon werden im Schienenverkehrsnetz befördert.

S-Bahn
Streckenlänge: 147 km
Haltestellen: 68

S1 S11 ⎱ Verstärkerlinien in
S2 S21 ⎰ den Hauptverkehrszeiten
S3 S31

Cux-
haven
Stade

U-Bahn
Streckenlänge: 105 km
Haltestellen: 91

U1 U2 U3 U4

Wedel
Blankenese

Regionalbahn ——————

AKN ——————
Altona-Kaltenkirchen-Neumünster
Eisenbahn AG

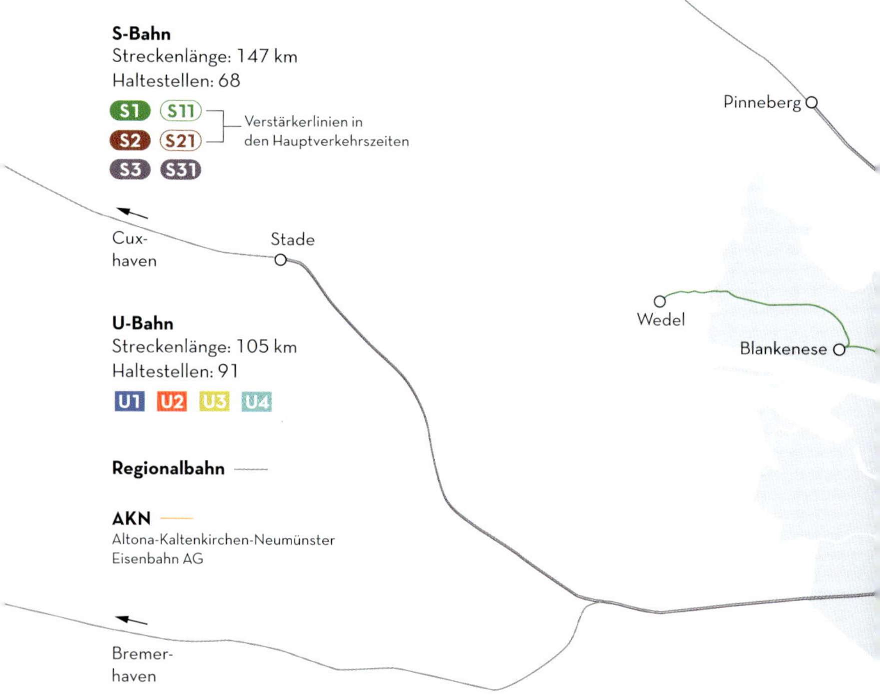

Bremer-
haven

Neumünster
Sylt
Pinneberg

Bahnhöfe

Hamburg besitzt fünf
Fernbahnhöfe.

Lübeck/
Skandinavien

Norderstedt
Mitte

Ohlstedt

Ahrensburg

Großhansdorf

Niendorf
Nord

Hamburg
Airport

Poppen-
büttel

Wandsbek-
Gartenstadt

1 **Hauptbahnhof**

2 **Hamburg-Altona**

3 **Dammtor-Bahnhof**

4 **Hamburg-Harburg**

5 **Hamburg-Bergedorf**

Billstedt

Aumühle

Jungfern-
stieg

Berlin

Mümmel-
mannsberg

Bremen

Postleitzahlen

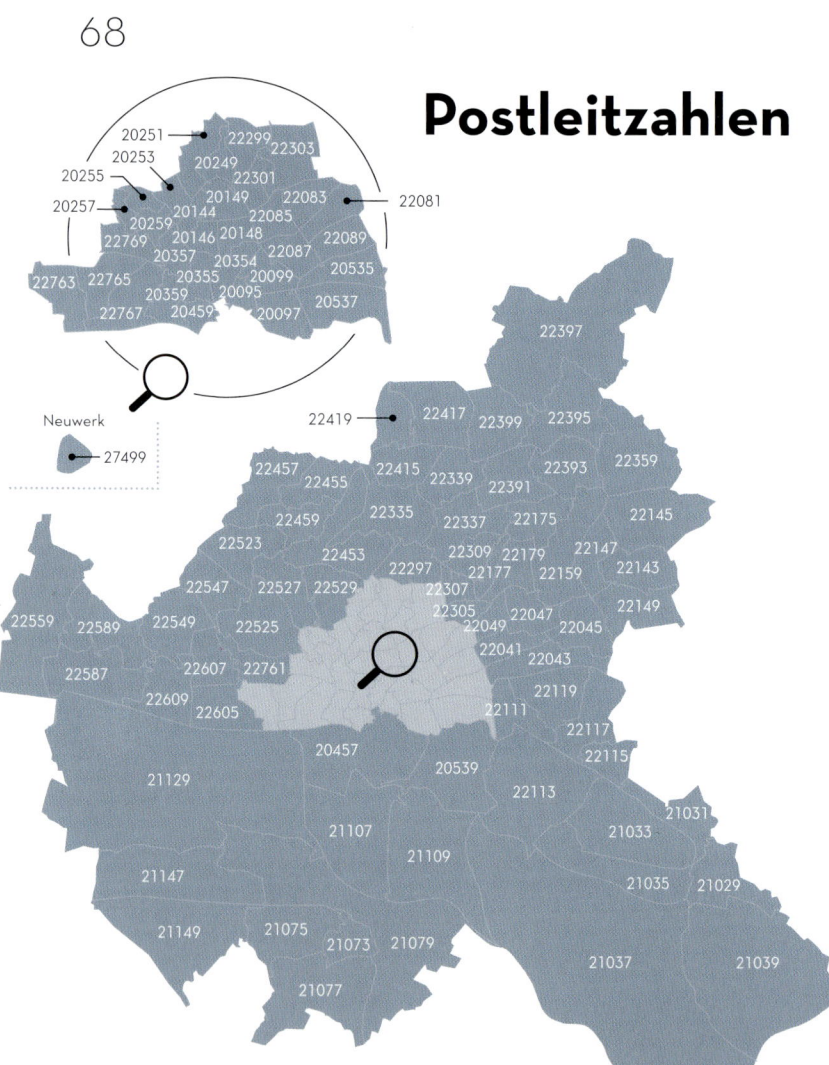

20251
20253
20255
22299
22303
20249
20257
20301
20149
22083
22081
20259
20144
22085
22769
20146 20148
22089
22763 22765
20357
20354
22087
20535
20355
20099
22767
20359
20459
20095
20097
20537

Neuwerk
27499

22397

22419 22417 22399 22395

22457 22415 22339 22393 22359
22455 22391
22459 22335 22337 22175 22145
22523 22309 22179 22147
22453 22297 22177 22159 22143
22547 22527 22529 22307 22149
22559 22549 22305 22049 22047 22045
22589 22525 22041 22043
22587 22607 22761 22119
22609 22605 22111 22117
20457 22115
21129 20539
22113
21107 21031
21109 21033
21147
21035 21029
21149 21075
21073 21079
21037 21039
21077

Flughäfen

Gemessen am Fluggastaufkommen ist Hamburg Airport
der fünftgrößte unter den 16 deutschen Verkehrsflughäfen.

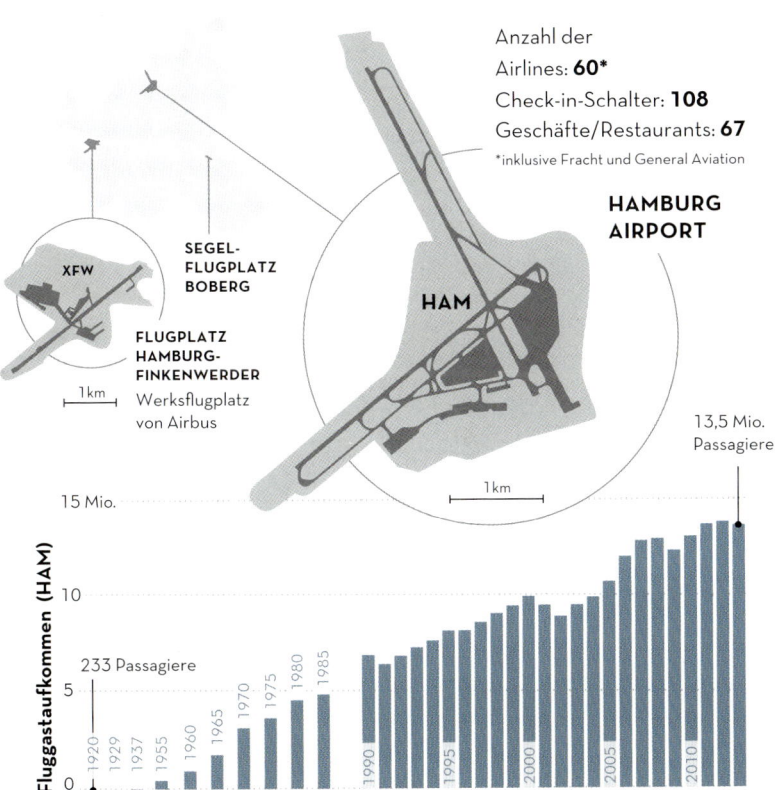

Anzahl der
Airlines: **60***
Check-in-Schalter: **108**
Geschäfte/Restaurants: **67**
*inklusive Fracht und General Aviation

**HAMBURG
AIRPORT**

HAM

SEGEL-
FLUGPLATZ
BOBERG

XFW

FLUGPLATZ
HAMBURG-
FINKENWERDER
Werksflugplatz
von Airbus

1 km

1 km

13,5 Mio.
Passagiere

15 Mio.

10

233 Passagiere

5

Fluggastaufkommen (HAM)

0

1920 1929 1937 1955 1960 1965 1970 1975 1980 1985 1990 1995 2000 2005 2010

Verkehrsstatistik

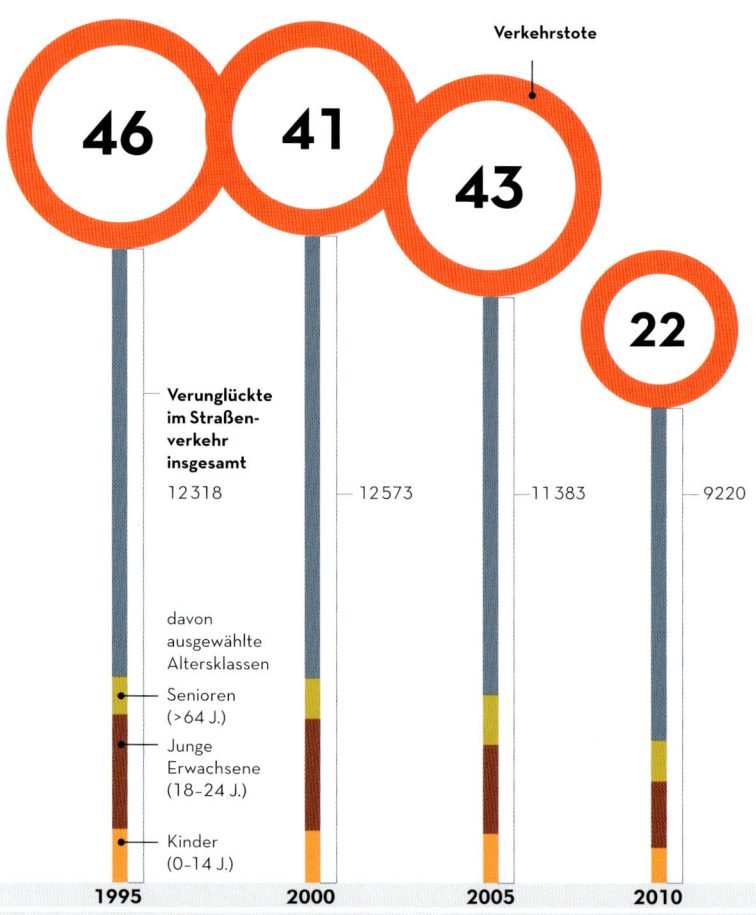

Verkehrstote

46

41

43

22

Verunglückte
im Straßen-
verkehr
insgesamt

12318

12573

11383

9220

davon
ausgewählte
Altersklassen

Senioren
(>64 J.)

Junge
Erwachsene
(18–24 J.)

Kinder
(0–14 J.)

1995

2000

2005

2010

Hauptunfallursachen bei Unfällen mit Personenschaden 2012 (Auswahl)

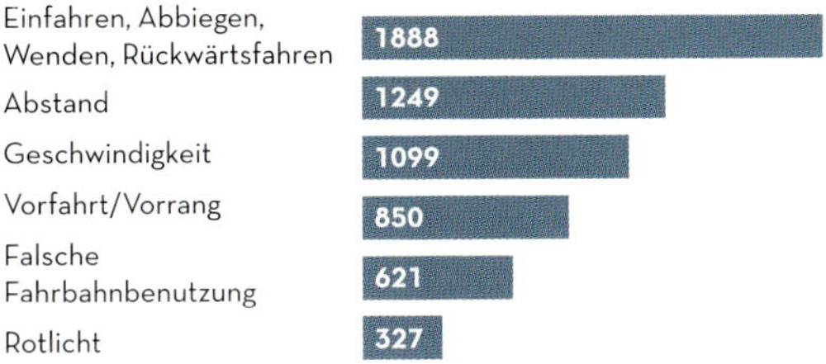

Einfahren, Abbiegen, Wenden, Rückwärtsfahren	1888
Abstand	1249
Geschwindigkeit	1099
Vorfahrt/Vorrang	850
Falsche Fahrbahnbenutzung	621
Rotlicht	327

33

9925

884
1404
808

2012

Verunglückte nach Art der Verkehrsbeteiligung 2012

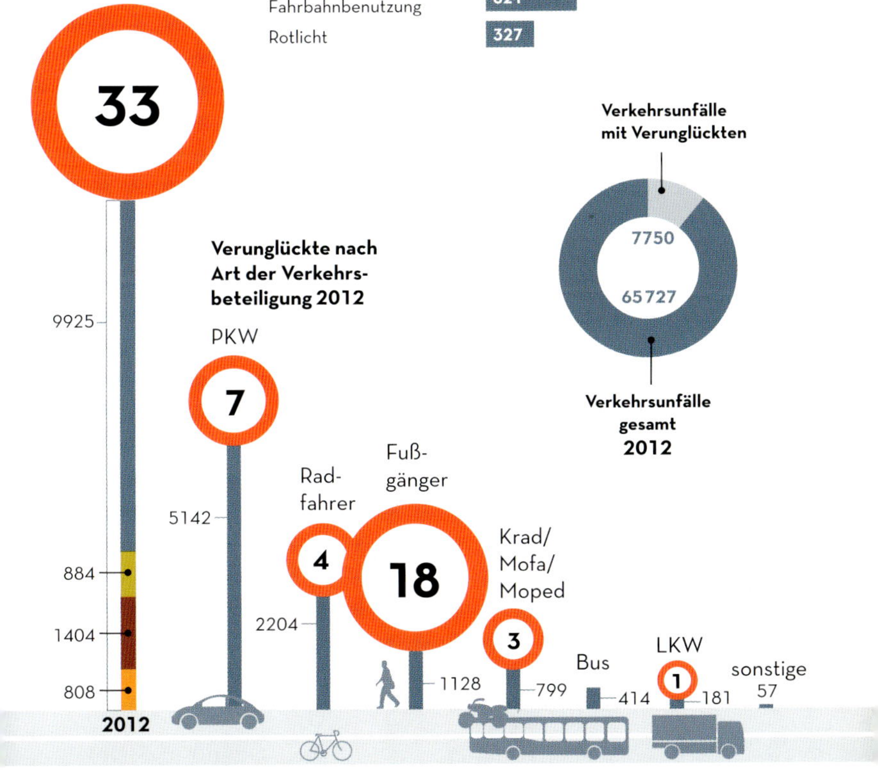

PKW
7
5142

Rad-fahrer
4
2204

Fuß-gänger
18
1128

Krad/ Mofa/ Moped
3
799

Bus
414

LKW
1
181

sonstige
57

Verkehrsunfälle mit Verunglückten
7750

65727

Verkehrsunfälle gesamt 2012

Leben

71

Feier- & Gedenktage

Die gesetzlichen Feiertage unterscheiden sich im Wesentlichen nicht von denen Gesamtdeutschlands.

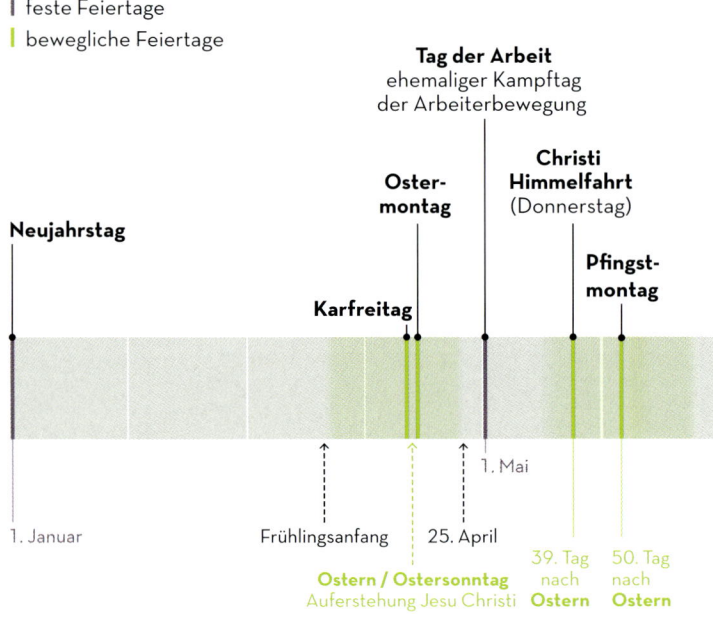

Der **Ostersonntag** ist der erste Sonntag nach dem ersten Frühlingsvollmond. Dieser kann daher frühestens auf den 22. März fallen. Das letztmögliche Datum für Ostern ist der 25. April.

Karfreitag erinnert an den Kreuztod Jesu Christi und ist Teil der Karwoche. Diese beginnt nach Palmsonntag, umfasst Gründonnerstag und Karfreitag und schließt mit Karsamstag ab.

Christi Himmelfahrt: Christen gedenken an diesem Tag der Rückkehr Jesu Christi, dem Sohn Gottes, zu seinem himmlischen Vater.

Pfingsten: Gefeiert wird die Ausgießung des Heiligen Geistes. Dieses Datum wird in der christlichen Tradition auch als Gründung der Kirche verstanden. Pfingsten kommt von griechisch „Fünfzigster Tag" (pentekostē hēmera / πεντηκοστή ἡμέρα).

Tag der Deutschen Einheit
gefeiert wird die Wiedervereinigung Deutschlands vom 3. Oktober 1990

Erster und Zweiter Weihnachtsfeiertag

3. Oktober
Tag der Deutschen Einheit

25. & 26. Dezember

Weihnachten:
Die Weihnachtstage beginnen am 24.12. mit dem Heiligen Abend, der jedoch kein offizieller Feiertag ist. Der 25.12. ist der Festtag zur Geburt Jesu Christi. Der 26.12. erinnert in der evangelischen Kirche an die Fleischwerdung des Wortes nach Johannes. In anderen Kirchen ist er als Stephanstag dem heiligen Märtyrer Diakon Stephanus gewidmet.

Religion

Hamburg zeigt sich weltoffen: Rund 120 Religions- und Weltanschauungs-
gemeinschaften finden hier ihren Platz. Sogar der Name der Straße „Große
Freiheit" ist auf religiöse Toleranz zurückzuführen.

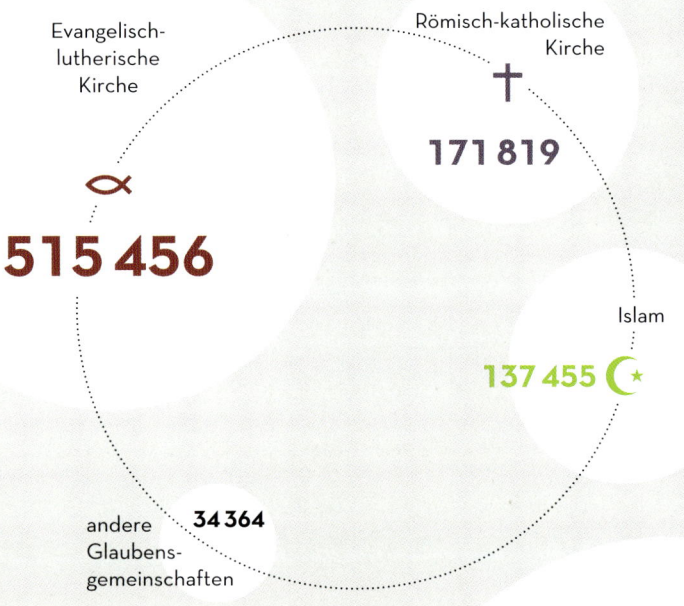

Evangelisch-
lutherische
Kirche

515 456

Römisch-katholische
Kirche

171 819

Islam

137 455

andere
Glaubens-
gemeinschaften

34 364

Konfessionslose

859 093

Messen

Eine Vielzahl der Messen Hamburgs findet in den Hamburger Messehallen nahe dem Bahnhof Dammtor statt.

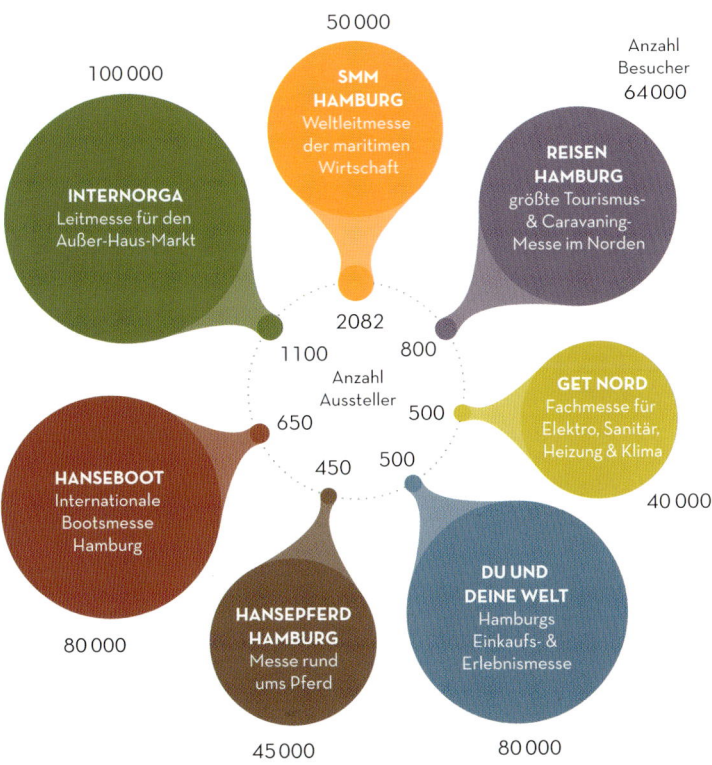

50 000

SMM HAMBURG
Weltleitmesse der maritimen Wirtschaft

100 000

INTERNORGA
Leitmesse für den Außer-Haus-Markt

Anzahl Besucher
64 000

REISEN HAMBURG
größte Tourismus- & Caravaning-Messe im Norden

2082
1100   800
Anzahl
Aussteller
650   500
450   500

GET NORD
Fachmesse für Elektro, Sanitär, Heizung & Klima

40 000

HANSEBOOT
Internationale Bootsmesse Hamburg

80 000

HANSEPFERD HAMBURG
Messe rund ums Pferd

45 000

DU UND DEINE WELT
Hamburgs Einkaufs- & Erlebnismesse

80 000

„Wi snackt ok Platt"

Kaffeeteng und Brotbüdel* waren früher ein Muss für jeden Hamburger Hafenarbeiter. Plattdeutsch war einst Amtssprache in Hamburg, heute benutzen nur noch ca. 100 000 Hamburger diese niederdeutsche Sprache im Alltag. Deutschlandweit sprechen etwa 6 Mio. Menschen in acht Bundesländern Plattdeutsch. (Weitere Begriffe siehe Grafik +1)

Niederdeutsche Mundarten im Hamburger Umkreis

Bezeichnung für „Mädchen" in den Mundarten des ehemaligen deutschen Sprachgebiets

*Thermoskanne und Brotbeutel

SCHLESWIGISCH

De(e)rn

HOLSTEINISCH

Di(e)rn

Dirn

Wicht

Bremer-haven

Hamburg

MECKLENBURGISC VORPOMMERSCH

OSTFRIESISCH

Dearn

Bremen

Deern

NORDNIEDER-SÄCHSISCH

NORDMÄRKISC

WESTFÄLISCH

OSTFÄLISCH

Kiezgrößen

Als Hamburger Kiez gilt — anders als etwa in Berlin — ausschließlich das Gebiet um die Reeperbahn.

Kaufmann, Bankier & Wohltäter
SALOMON†
HEINE

Nachtclub-Besitzer
RENÉ
DURAND†

Musiker
UDO
LINDENBERG

Künstler & Unternehmer
CORNY
LITTMANN

Künstler & Unternehmer
ROCKO
SCHAMONI

Türsteher & Zuhälter
INKASSO
HENRY

Entertainerin
OLIVIA JONES

Entertainerin
LILO
WANDERS

Musiker & Schauspieler
FREDDY
QUINN

Burlesque-Künstlerin
EVE
CHAMPAGNE

Entertainerin
INA
MÜLLER

THE BEATLES

Kiez-Wirt
HANNE KLEINE†

Boxer & Unternehmer
KALLE
SCHWENSEN

Musiker
ACHIM
REICHEL

Boxer & Zuhälter
STEFAN†
HENTSCHEL

Musiker & Schauspieler
HANS†
ALBERS

Schauspieler
Synchronsprecher
JAN
FEDDER

Musiker & Komiker
GEBRÜDER
WOLF†

Fotograf
GÜNTER
ZINT†

Humorist
HEIN†
KÖLLISCH

Prostituierte & Sozialarbeiterin
DOMENICA NIEHOFF†

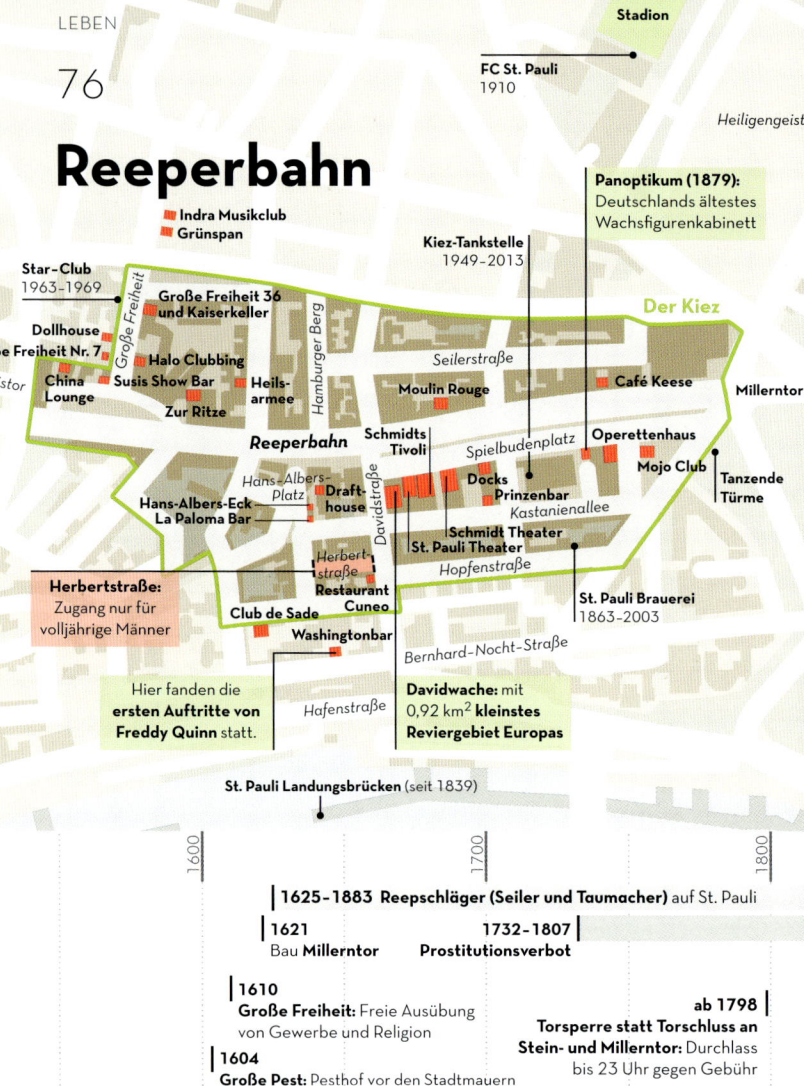

Reeperbahn

Millerntor-Stadion

FC St. Pauli
1910

Heiligengeistfel

Panoptikum (1879):
Deutschlands ältestes
Wachsfigurenkabinett

Indra Musikclub
Grünspan

Kiez-Tankstelle
1949–2013

Star-Club
1963–1969

Große Freiheit 36
und Kaiserkeller

Große Freiheit

Hamburger Berg

Der Kiez

Dollhouse
Große Freiheit Nr. 7

Halo Clubbing

Seilerstraße

Café Keese

Millerntor

Nobistor

China
Lounge

Susis Show Bar

Heils-
armee

Moulin Rouge

Zur Ritze

Reeperbahn

Schmidts
Tivoli

Spielbudenplatz

Operettenhaus

Mojo Club

Tanzende
Türme

Hans-Albers-
Platz

Draft-
house

Davidstraße

Docks
Prinzbar

Kastanienallee

Hans-Albers-Eck
La Paloma Bar

Herbert-
straße

Schmidt Theater
St. Pauli Theater

Hopfenstraße

Herbertstraße:
Zugang nur für
volljährige Männer

Restaurant
Cuneo

Club de Sade

St. Pauli Brauerei
1863–2003

Washingtonbar

Bernhard-Nocht-Straße

Hier fanden die
ersten Auftritte von
Freddy Quinn statt.

Hafenstraße

Davidwache: mit
0,92 km² kleinstes
Reviergebiet Europas

St. Pauli Landungsbrücken (seit 1839)

1600

1700

1800

1625–1883 Reepschläger (Seiler und Taumacher) auf St. Pauli

1621
Bau Millerntor

1732–1807
Prostitutionsverbot

1610
Große Freiheit: Freie Ausübung
von Gewerbe und Religion

ab 1798
Torsperre statt Torschluss an
Stein- und Millerntor: Durchlass
bis 23 Uhr gegen Gebühr

1604
Große Pest: Pesthof vor den Stadtmauern

Im Lauf der Zeit hat sich die einst „sündigste Meile der Welt" zunehmend vom reinen Rotlicht- und Vergnügungsviertel zu einer Erlebnismeile für alle gewandelt.

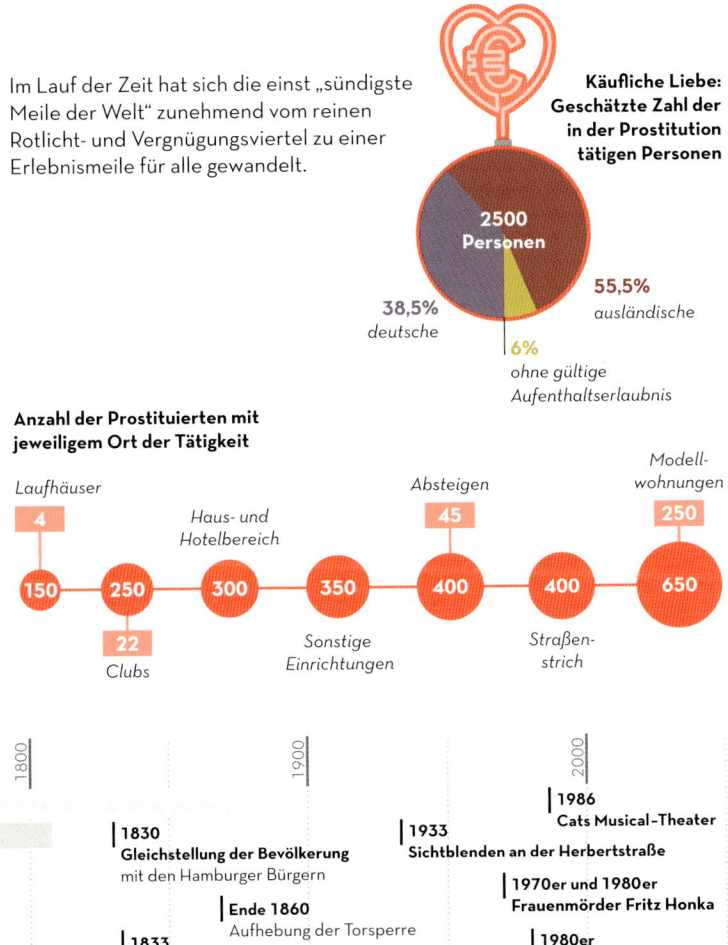

Käufliche Liebe: Geschätzte Zahl der in der Prostitution tätigen Personen

2500 Personen

38,5% deutsche

55,5% ausländische

6% ohne gültige Aufenthaltserlaubnis

Anzahl der Prostituierten mit jeweiligem Ort der Tätigkeit

Laufhäuser
4

Absteigen
45

Modellwohnungen
250

Haus- und Hotelbereich

150 250 300 350 400 400 650

22
Clubs

Sonstige Einrichtungen

Straßenstrich

1800

1900

2000

1830
Gleichstellung der Bevölkerung mit den Hamburger Bürgern

1933
Sichtblenden an der Herbertstraße

1986
Cats Musical–Theater

Ende 1860
Aufhebung der Torsperre

1970er und 1980er
Frauenmörder Fritz Honka

1833
„St. Pauli" als offizieller Name

1894
Zugehörigkeit zu Hamburg

1980er
Auseinandersetzungen unter Zuhälter-Kartellen

Urbane Erholung

Hamburg ist die Stadt mit den meisten Grünflächen in Deutschland.
14 % des Stadtgebiets sind Grün- und Erholungsflächen.

Römischer Garten

1
391 ha

Friedhof Ohlsdorf
größter Parkfriedhof
Europas

Parkfläche

Waldfläche
(teilweise
zu Parkfläche
gehörend)

2
205 ha

Volkspark
Wald, Imtech Arena
& Trabrennbahn

3
150 ha

Stadtpark
Grünflächen &
Open Air Konzerte

4
150 ha

Niendorfer Gehege
größtes Naherholungs-
gebiet Eimsbüttels

Weitere Highlights

5
47 ha

Planten un Blomen
Themengärten & Kultur

1 **Strandperle**
Wohlfühloase am
Elbstrand

6
24 ha

Jenischpark
Naturschutzgebiet
& Architektur

2 **Loki Schmidt Garten**
Neuer Botanischer
Garten

3 **Außenalster**
Alstersterufer
& Segeltörns

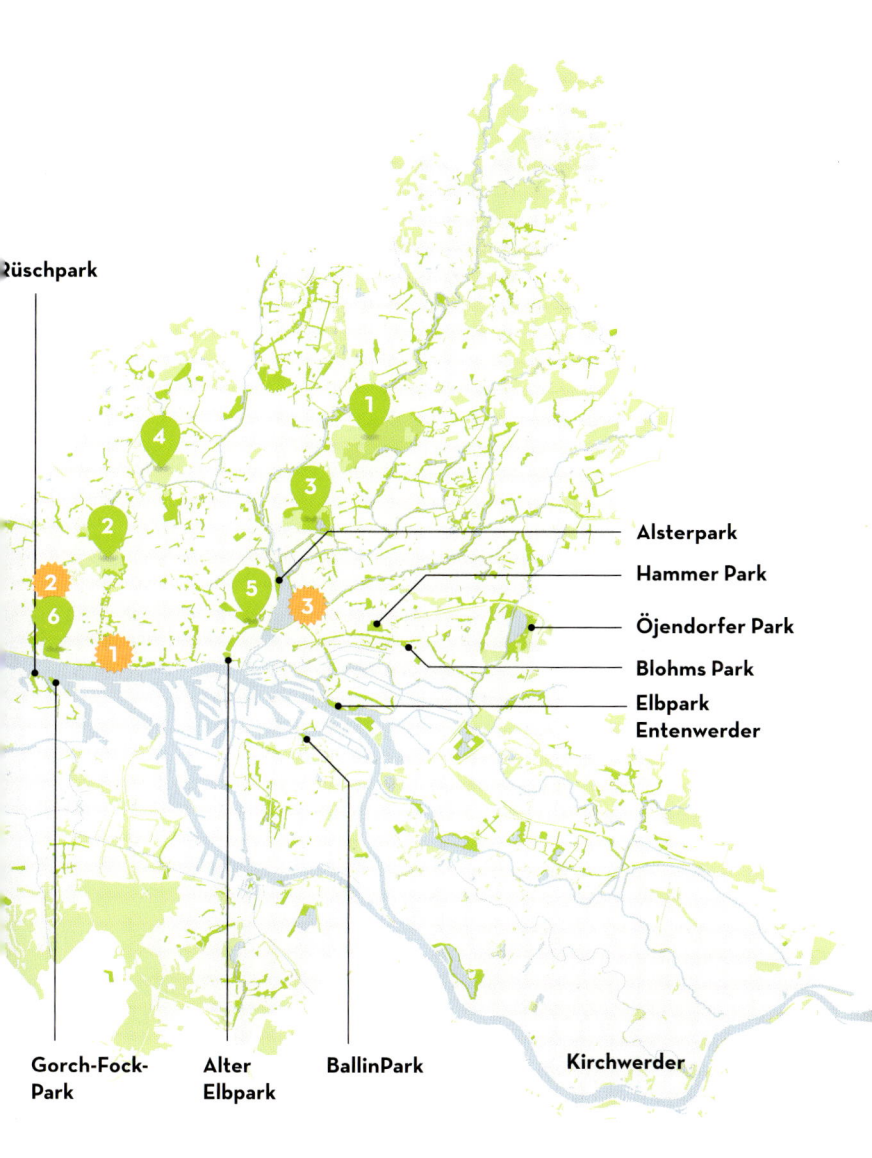

Rüschpark

Alsterpark

Hammer Park

Öjendorfer Park

Blohms Park

Elbpark
Entenwerder

Gorch-Fock-
Park

Alter
Elbpark

BallinPark

Kirchwerder

Häufigste Vornamen

EMMA [1] MIA [2]

HANNA [3] H

SOFIA [4] F PF EMILY [5] EMILIE

LEONIE [6] EMILIA [7]

Marie [8] ANNA [9]

JOHANNA [10] IDA [11] LAURA [12]

PAUL ¹ BEN ²

FELIX ³

FINN ⁴ HENRY HENRI ⁵

MAXIMILLIAN ⁶

LUCA LUKA ⁷ NOAH ⁸ Tom ⁹

JONAS ¹⁰ MATS MADS ¹¹ LOUIS LUIS ¹²

Häufigste Nachnamen

SCHMIDT [1]

SCHULZ [3]

HANSEN [5]

NEUMANN [8] SCHNEIDER [9]

SCHWARZ [10]

WEBER [13] FISCHER [14]

MÜLLER [2] UE

MEYER [4]

SCHRÖDER [6] OE MEIER [7]

Peters [11] BECKER [12]

BAUER [15] VOGT [16] SCHMITT [17]

Essen & Trinken

Kulinarisches

Die traditionellen Hamburger Gerichte findet man
immer noch auf vielen Speisekarten.

Deftiges ...

Labskaus
ursprünglich ein Seemannsgericht
aus Kartoffeln, Zwiebeln, Pökelfleisch,
Gewürzgurken und roter Bete

Aalsuppe
„aal" steht
für „alles"

**Birnen, Bohnen
und Speck**

Hamburger National
Eintopf aus Steckrüben,
Rindfleisch und Kartoffeln

... und Süßes

Franzbrötchen
Plundergebäck mit
karamelisiertem
Zimt-Zuckergemisch

**Rote Grütze/
Rode Grütt**
Nachspeise aus gekochten
Himbeeren und Johannis-
beeren, serviert mit Milch,
Sahne oder Vanillesoße

81

Fischhappen

Eingelegt, geräuchert oder gebraten ... auch abseits des
Fischmarkts findet man in Hamburg immer einen Happen Fisch.

Fischbrötchen
der Klassiker

Schillerlocke
geräucherte Bauchlappen
des Dornhais

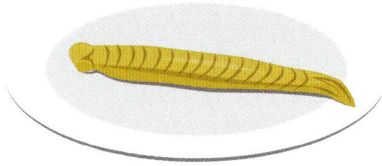

Räucheraal
geräucherter Aal

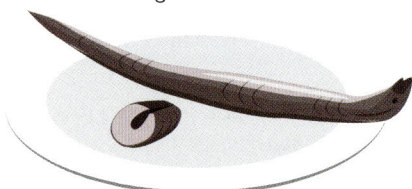

Matjes
junger, in Salzlake eingelegter Hering

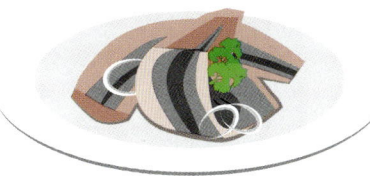

Bismarckhering
in Essig und Öl
marinierter Hering

Brathering
gebratener und eingelegter Hering

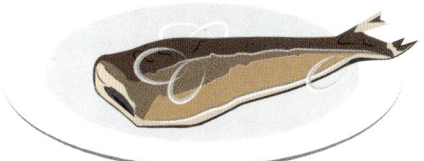

Grüner Hering
frischer, nicht
eingelegter Hering

Sternerestaurant vs. Tafel

Während die einen in einem der 22 mit Kochmützen oder Sternen ausgezeich-
neten Restaurants edel speisen, stehen die anderen für eine warme Mahlzeit
oder für günstige Lebensmittel an.

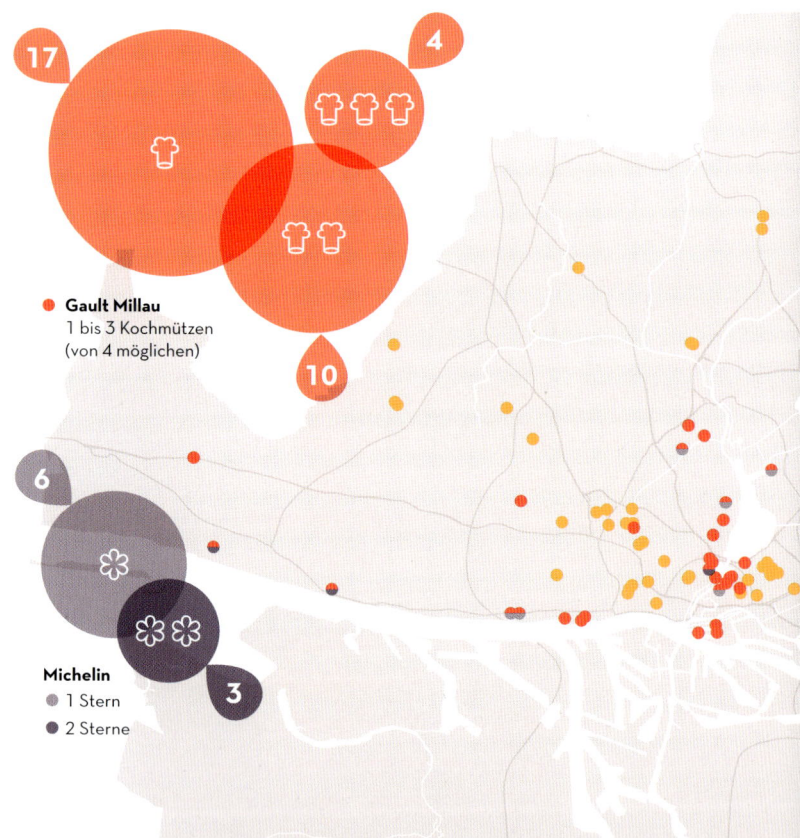

Gault Millau
1 bis 3 Kochmützen
(von 4 möglichen)

Michelin
1 Stern
2 Sterne

17

LEBENSMITTEL-AUSGABESTELLEN
werden von anderen Organisationen betrieben, aber von der Hamburger Tafel mit Lebensmitteln beliefert

ca.
80

BELIEFERTE SOZIALE EINRICHTUNGEN

etwa 15 000 versorgte Bedürftige pro Woche

Ausgabestellen & Hilfseinrichtungen

Kultur & Unterhaltung

Dichter & Denker

Drama, Romane und Lyrik

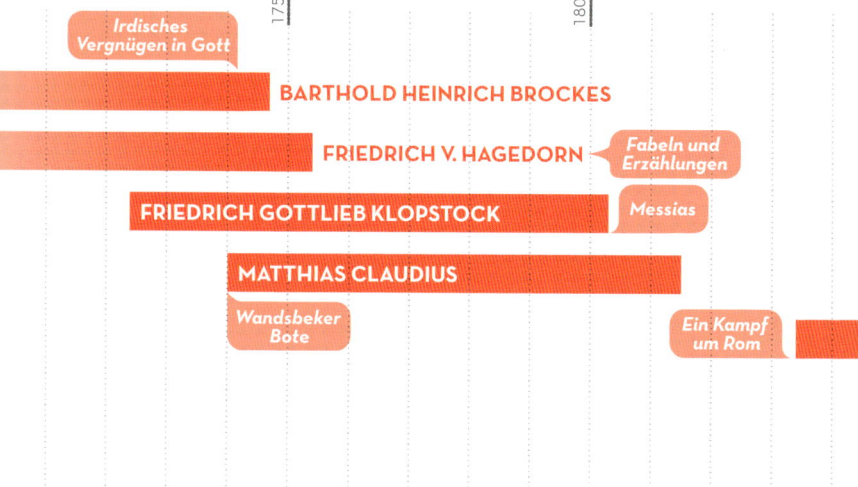

1750   1800

Irdisches
Vergnügen in Gott

BARTHOLD HEINRICH BROCKES

FRIEDRICH V. HAGEDORN — Fabeln und
Erzählungen

FRIEDRICH GOTTLIEB KLOPSTOCK — Messias

MATTHIAS CLAUDIUS

Wandsbeker
Bote

Ein Kampf
um Rom

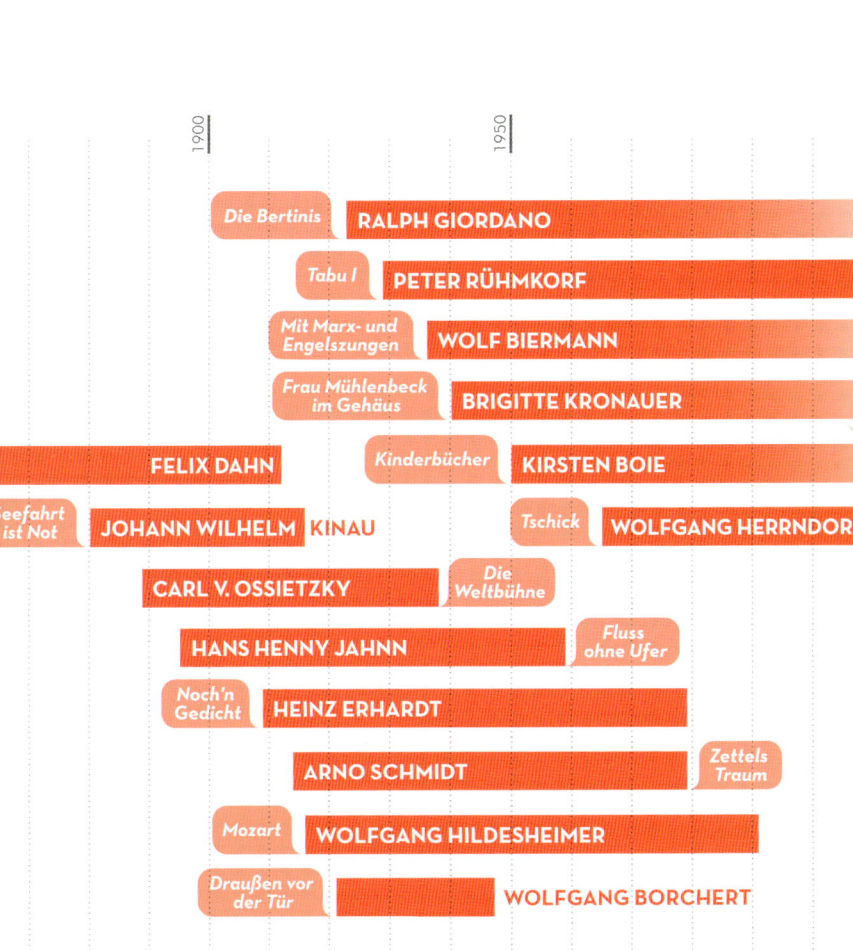

1900

1950

Die Bertinis **RALPH GIORDANO**

Tabu I **PETER RÜHMKORF**

Mit Marx- und Engelszungen **WOLF BIERMANN**

Frau Mühlenbeck im Gehäus **BRIGITTE KRONAUER**

FELIX DAHN **Kinderbücher** **KIRSTEN BOIE**

Seefahrt ist Not **JOHANN WILHELM KINAU** **Tschick** **WOLFGANG HERRNDORF**

CARL V. OSSIETZKY **Die Weltbühne**

HANS HENNY JAHNN **Fluss ohne Ufer**

Noch'n Gedicht **HEINZ ERHARDT**

ARNO SCHMIDT **Zettels Traum**

Mozart **WOLFGANG HILDESHEIMER**

Draußen vor der Tür **WOLFGANG BORCHERT**

Künstler

Eine Auswahl kreativer Menschen, die in Hamburg tätig sind bzw. waren

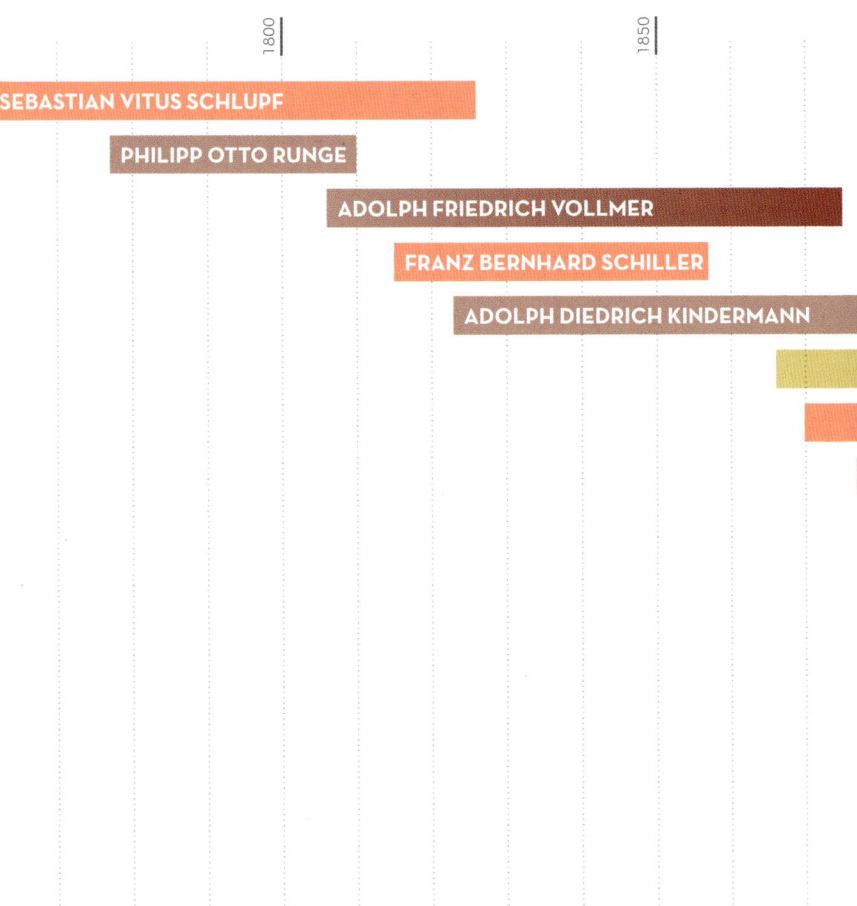

1800

1850

SEBASTIAN VITUS SCHLUPF

PHILIPP OTTO RUNGE

ADOLPH FRIEDRICH VOLLMER

FRANZ BERNHARD SCHILLER

ADOLPH DIEDRICH KINDERMANN

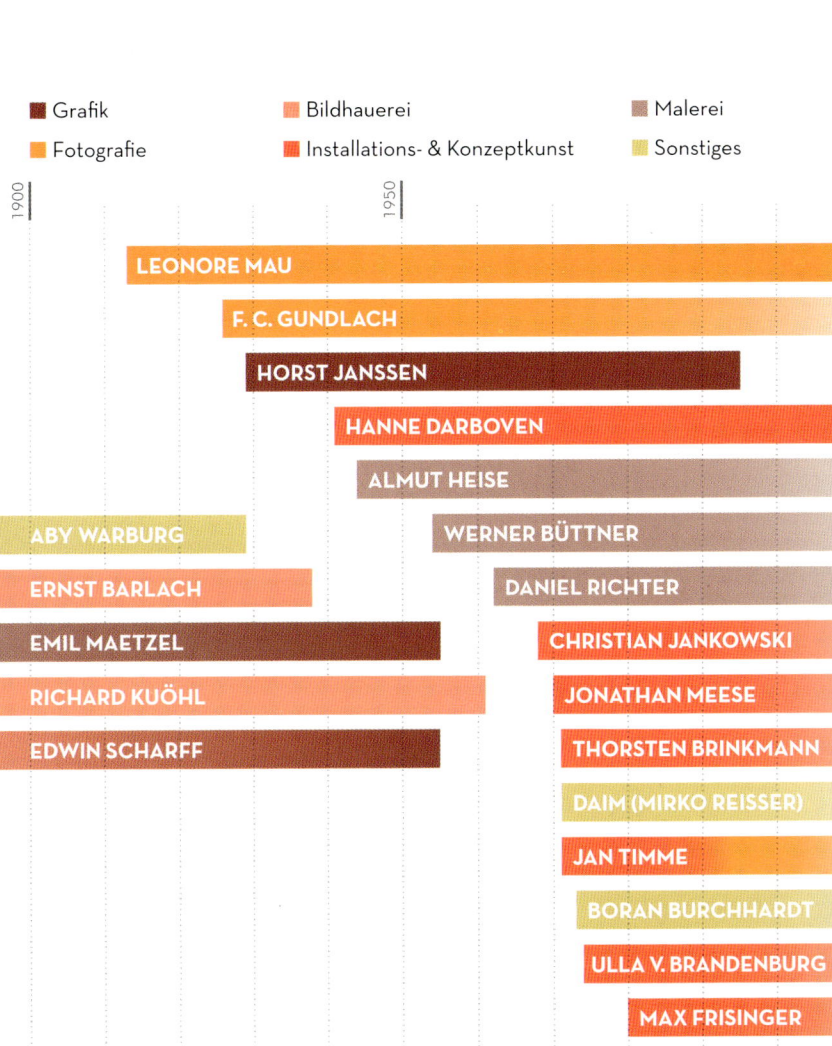

Legend:
- Grafik
- Bildhauerei
- Malerei
- Fotografie
- Installations- & Konzeptkunst
- Sonstiges

1900 1950

LEONORE MAU
F. C. GUNDLACH
HORST JANSSEN
HANNE DARBOVEN
ALMUT HEISE
ABY WARBURG
WERNER BÜTTNER
ERNST BARLACH
DANIEL RICHTER
EMIL MAETZEL
CHRISTIAN JANKOWSKI
RICHARD KUÖHL
JONATHAN MEESE
EDWIN SCHARFF
THORSTEN BRINKMANN
DAIM (MIRKO REISSER)
JAN TIMME
BORAN BURCHHARDT
ULLA V. BRANDENBURG
MAX FRISINGER

Komponisten & Hamburger Orchester

Diese Komponisten lebten und wirkten in Hamburg

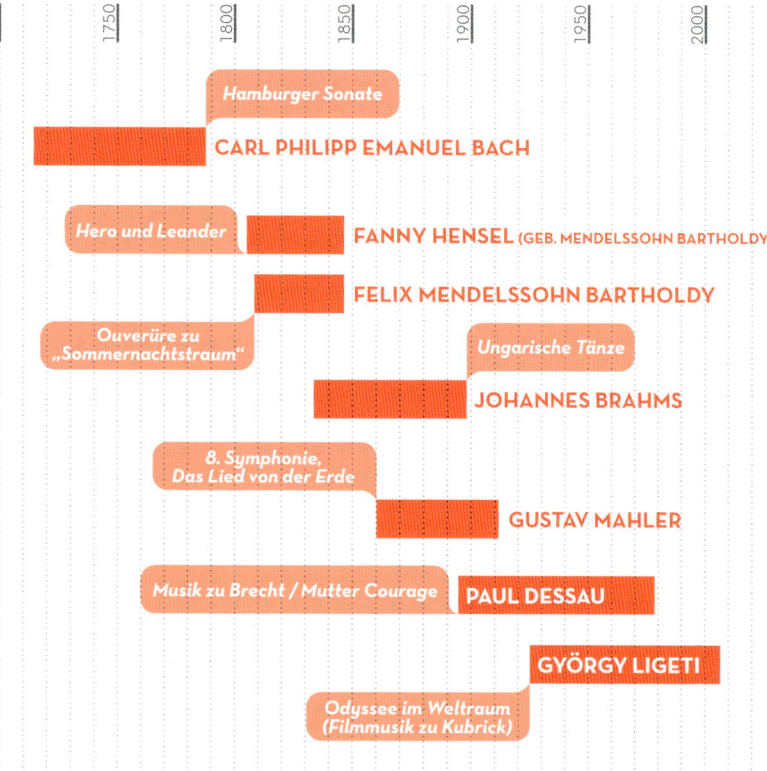

1700　1750　1800　1850　1900　1950　2000

Hamburger Sonate

CARL PHILIPP EMANUEL BACH

Hero und Leander

FANNY HENSEL (GEB. MENDELSSOHN BARTHOLDY)

FELIX MENDELSSOHN BARTHOLDY

Ouverüre zu „Sommernachtstraum"

Ungarische Tänze

JOHANNES BRAHMS

8. Symphonie, Das Lied von der Erde

GUSTAV MAHLER

Musik zu Brecht / Mutter Courage

PAUL DESSAU

GYÖRGY LIGETI

Odyssee im Weltraum (Filmmusik zu Kubrick)

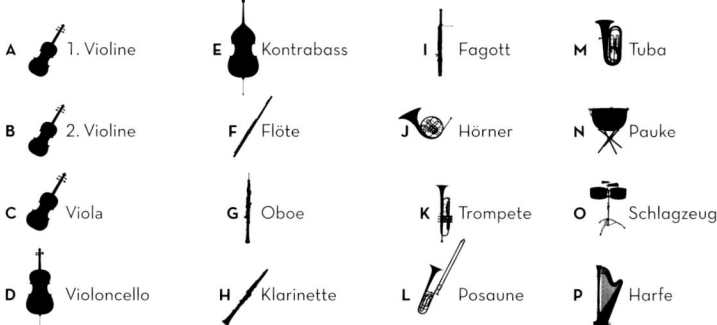

A 1. Violine E Kontrabass I Fagott M Tuba
B 2. Violine F Flöte J Hörner N Pauke
C Viola G Oboe K Trompete O Schlagzeug
D Violoncello H Klarinette L Posaune P Harfe

Orchester ★ Jahr der Gründung
CHEFDIRIGENT
Konzerthaus

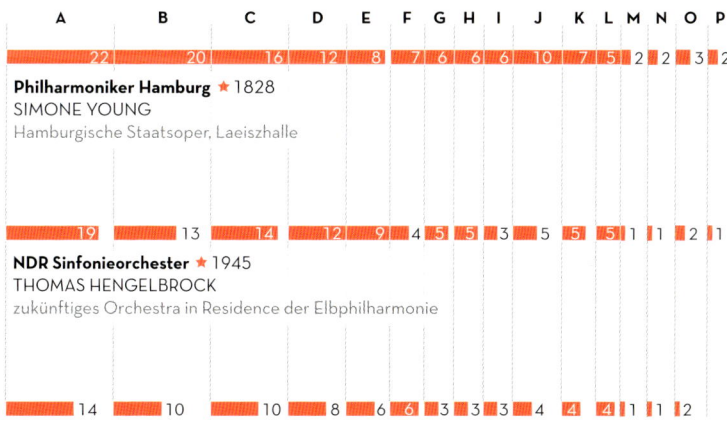

	A	B	C	D	E	F	G	H	I	J	K	L	M	N	O	P
Philharmoniker Hamburg	22	20	16	12	8	7	6	6	6	10	7	5	2	2	3	2
NDR Sinfonieorchester	19	13	14	12	9	4	5	5	3	5	5	5	1	1	2	1
Hamburger Symphoniker	14	10	10	8	6	6	3	3	3	4	4	4	1	1	2	

Philharmoniker Hamburg ★ 1828
SIMONE YOUNG
Hamburgische Staatsoper, Laeiszhalle

NDR Sinfonieorchester ★ 1945
THOMAS HENGELBROCK
zukünftiges Orchestra in Residence der Elbphilharmonie

Hamburger Symphoniker ★ 1957
JEFFREY TATE
Laeiszhalle

86

Museumslandschaft

Hamburgs vielfältiges Angebot an Museen

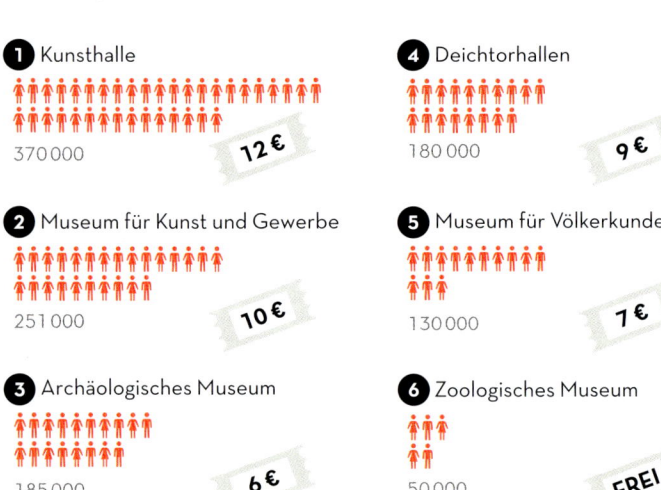

👤 Eine Figur steht für 10 000 Besucher

1 Kunsthalle

370 000   12 €

2 Museum für Kunst und Gewerbe

251 000   10 €

3 Archäologisches Museum

185 000   6 €

4 Deichtorhallen

180 000   9 €

5 Museum für Völkerkunde

130 000   7 €

6 Zoologisches Museum

50 000   FREI

KZ-Gedenkstätte
Fuhlsbüttel

HSV-Museum

Museum für
Völkerkunde

Zoologisches
Museum

Museum
der Arbeit

Jenisch Haus

5

1 Kunsthalle

Museumshafen
Oevelgönne

6

2 Museum für Kunst
und Gewerbe

Hamburg Museum

4 Deichtorhallen

Spicy's
Gewürzmuseum

Hafenmuseum

3

Museum für
Bergedorf und
die Vierlande

Archäologisches
Museum

KZ-Gedenkstätte
Neuengamme

Persönlichkeiten

- Kiez
- Politik
- Kultur
- Originale
- Sport

Henry Vahl†
Aale-Dieter
Olivia Jones
Zitronenjette†
Uwe Seeler
Heidi Kabel†
Axel Springer†
Hein Bollow
Hilde Sicks†
Stefan Effenberg
Richard Ohnsorg†
Edgar Bessen†
Hans Mahler†
Evelyn Hamann†
Helga Feddersen†
Karl-Heinz Kreienbaum†
Tommy Haas
Rolf Zuckowski
Karl Lagerfeld
Karate Thommy
Jan Fedder
Hannelore Hoger
Hanne Kleine†
Inga Rumpf
Jürgen Roland†
Uwe Friedrichsen
Domenica†
Kalle Schwensen
Klaus Barkowsky
(der schöne Klaus)
Hans Albers†
Ida Ehre†
Inkasso Henry
René Durand†
Corny Littmann
Oskar v. Pferdemarkt†
Angela Merkel
Wasserträger Johann Wilhelm Bentz†

Tatort

„Taxi nach Leipzig" hieß der erste „Tatort".
Die Erstaustrahlung erfolgte am 29.11.1970.

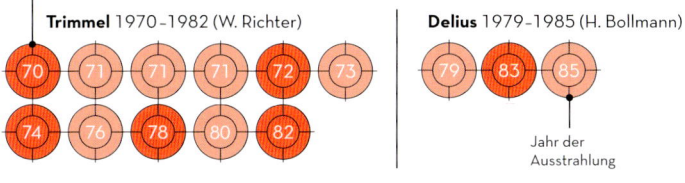

Trimmel 1970–1982 (W. Richter)

70 71 71 71 72 73
74 76 78 80 82

Delius 1979–1985 (H. Bollmann)

79 83 85

Jahr der
Ausstrahlung

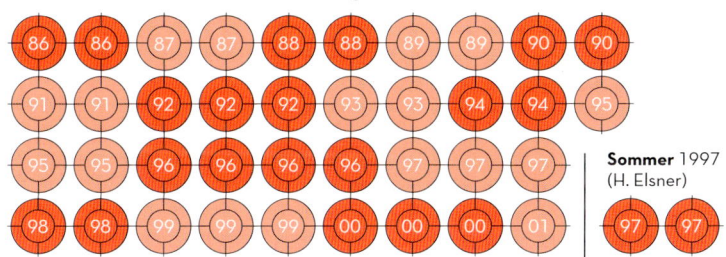

Stoever & Brockmöller 1986–2001 (M. Krug & C. Brauer)

86 86 87 87 88 88 89 89 90 90
91 91 92 92 92 93 93 94 94 95
95 95 96 96 96 96 97 97 97
98 98 99 99 99 00 00 00 01

Sommer 1997
(H. Elsner)

97 97

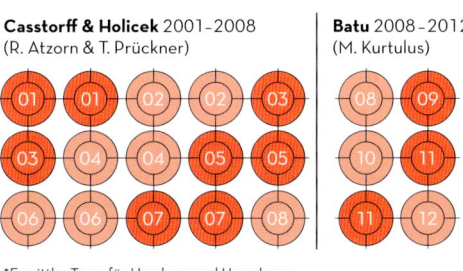

Casstorff & Holicek 2001–2008
(R. Atzorn & T. Prückner)

01 01 02 02 03
03 04 04 05 05
06 06 07 07 08

Batu 2008–2012
(M. Kurtulus)

08 09
10 11
11 12

Tschiller & Gümer seit 2013
(T. Schweiger & F. Yardım)

13 14

Falke & Lorenz* seit 2013
(W. W. Möhring &
P. Schmidt-Schaller)

13 13

*Ermittler-Team für Hamburg und Umgebung

89

Musicals, Theater & Oper

Hamburg gilt als Deutschlands Musicalstadt Nummer eins, doch auch
Theater und Opernhäuser erfreuen sich großer Beliebtheit.

Besucherzahlen der Musicals in Hamburg von 1986–2011

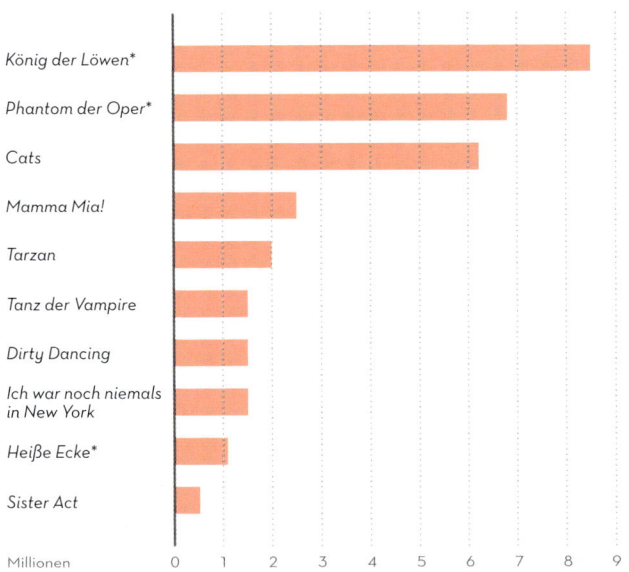

* läuft aktuell auch in der Musical Saison 2014

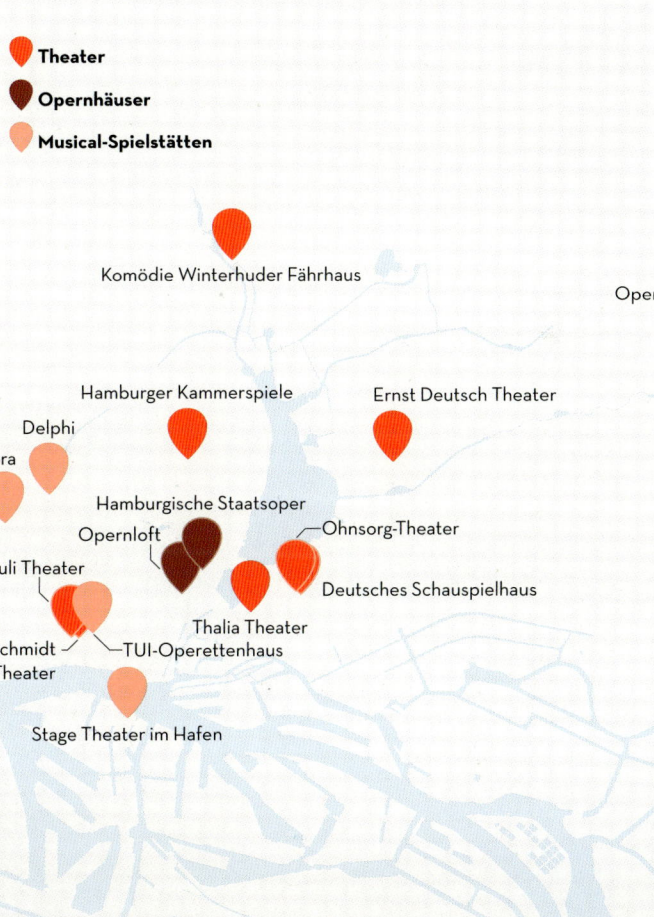

Theater

Opernhäuser

Musical-Spielstätten

Komödie Winterhuder Fährhaus

Opernfactory Hamburg

Hamburger Kammerspiele

Ernst Deutsch Theater

Delphi

ue Flora

Hamburgische Staatsoper

Opernloft

Ohnsorg-Theater

St. Pauli Theater

Deutsches Schauspielhaus

Schmidt
Theater

TUI-Operettenhaus

Thalia Theater

Stage Theater im Hafen

Musiker

Hamburger Musiker und in Hamburg gegründete Bands

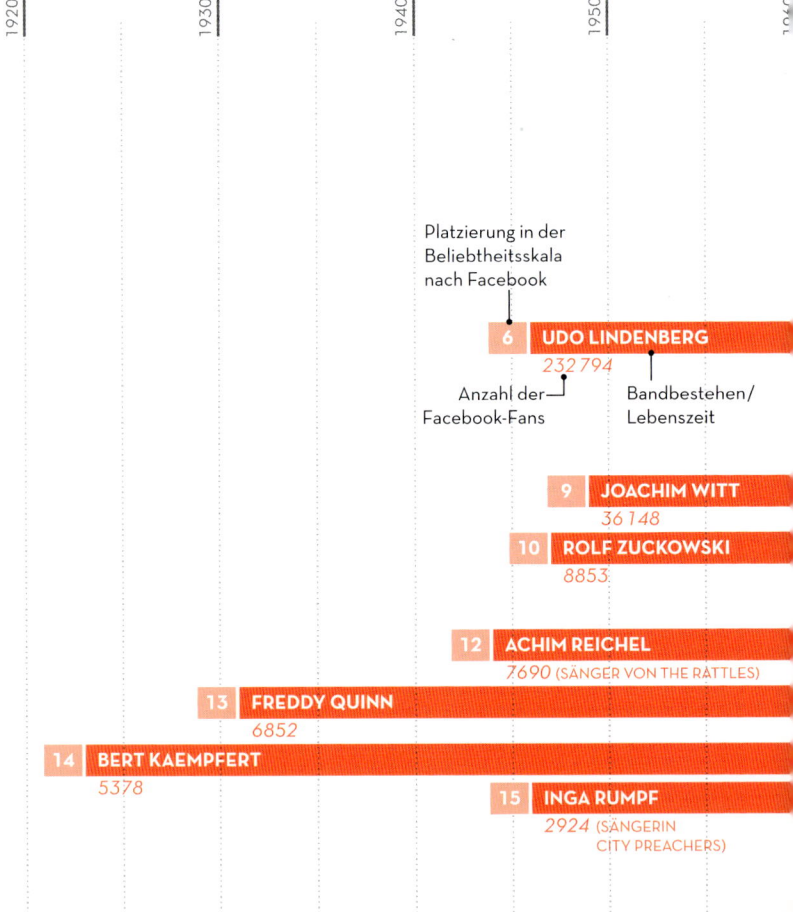

1920   1930   1940   1950   1960

Platzierung in der
Beliebtheitsskala
nach Facebook

6 | UDO LINDENBERG
232 794

Anzahl der
Facebook-Fans

Bandbestehen/
Lebenszeit

9 | JOACHIM WITT
36 148

10 | ROLF ZUCKOWSKI
8853

12 | ACHIM REICHEL
7690 (SÄNGER VON THE RATTLES)

13 | FREDDY QUINN
6852

14 | BERT KAEMPFERT
5378

15 | INGA RUMPF
2924 (SÄNGERIN
CITY PREACHERS)

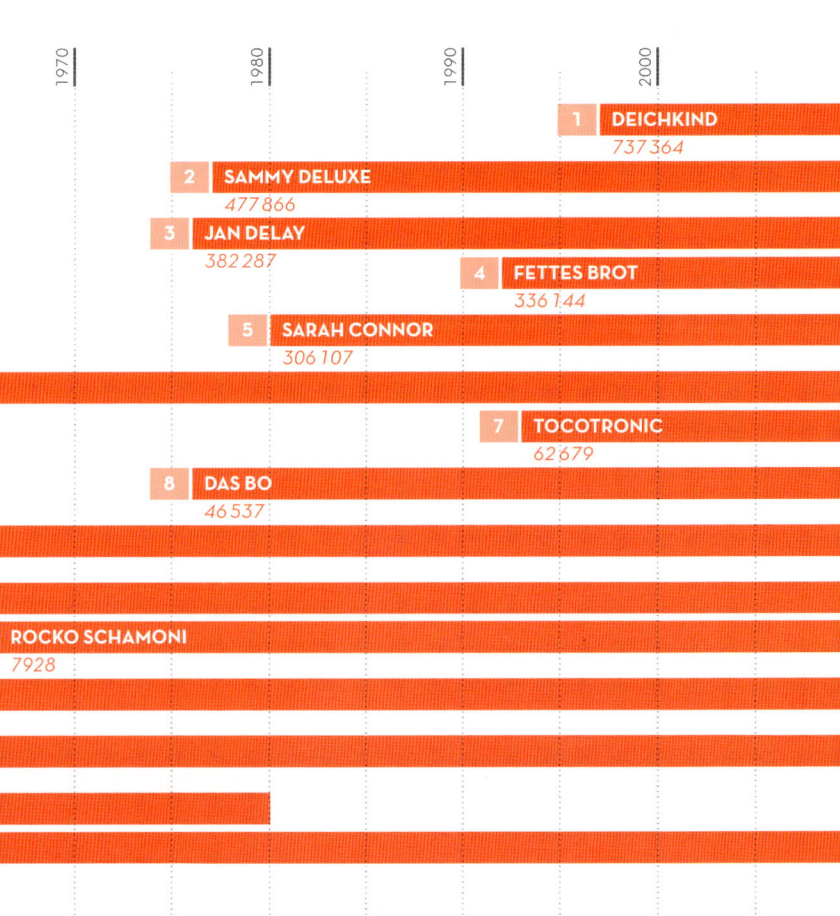

1970　1980　1990　2000

Rank	Artist	Value
1	DEICHKIND	737 364
2	SAMMY DELUXE	477 866
3	JAN DELAY	382 287
4	FETTES BROT	336 144
5	SARAH CONNOR	306 107
7	TOCOTRONIC	62 679
8	DAS BO	46 537
	ROCKO SCHAMONI	7928

91

Clubs & Diskotheken

Eine Auswahl der Besten Hamburger Clubs

1 Uebel & Gefährlich
Das Flaggschiff der Party-, Livemusik- und Veranstaltungsszene Hamburgs

2 Golden Pudel Club
Zu ausgewählten Elektroklängen tanzen bis einem in den relativ engen Räumen die Luft weg bleibt.

3 Ego
Ohne viel Schnörkel: Ein Club, in dem Techno-, Minimal-, und House-Liebhaber ihre Nächte durchtanzen

4 Golem
Die Mischung aus Bar, Club und Kleinkunstbühne ermöglicht einen abwechslungsreichen Abend.

5 Moondoo
Das Fachwerkhaus an der Reeperbahn 136 ist schon seit den 50ern eine schillernde Lokalität.

6 Baalsaal
Klein aber oho! Der relativ junge Club direkt an der Reeperbahn präsentiert auf kleinem Raum die Großmeister der House- und Techno-Musik.

7 Grüner Jäger
Wer von Elektro genug hat, kommt in dem gemütlichen Häuschen mit Garten in den Genuss von Indie, Hip Hop und anderen musikalischen Alternativen.

8 Fundbureau
Im „Fubu", wo einst Fundsachen aus den S-Bahnen versteigert wurden, wird heute zu den unterschiedlichsten Musikrichtungen und Konzerten getanzt.

9 Waagenbau
Atmosphäre und Team gelten allgemein als „grundsympathisch" und schaffen zusammen den Spagat zwischen beliebt und authentisch.

Festivals & Feste

Nach Besucherzahlen

Hamburger Dom

Hamburger Hafengeburts-tag

Alster-vergnügen

Altonale

Schlager-move

1. Hamburger Dom
Dauer: jeweils 30 Tage
Besucher 2013:
Sommerdom: 4,0 Mio.
Frühlingsdom: 3,5 Mio.
Winterdom 3,0 Mio. (2012)

2. Hamburger Hafengeburtstag
Dauer: 3 Tage
Besucher 2013: 1,5 Mio.

3. Alstervergnügen
Dauer: 3 Tage
Besucher 2013: 1 Mio.

4. Altonale
Dauer: 17 Tage
Besucher 2013: 600 000

5. Schlagermove
Dauer: 2 Tage
Besucher 2013: 350 000

6. Hamburg Pride
Dauer: 10 Tage
Besucher 2013: 300 000

7. Stadtpark Open R
Dauer: von Mai bis September
Besucher 2013: 150 000

8. Duckstein-Festival
Dauer: von Mai bis September
Besucher 2013: 150 000

9. Hurricane
Dauer: 3 Tage
Besucher 2013: 73 000

10. Hamburger Kultursommer
Dauer: 11 Tage
Besucher 2013: 63 000

11. Holsten Brauereifest
Dauer: 2 Tage
Besucher 2013: 30 000

Sport

Hamburg-Derby

Anzahl der Siege beider Teams
in unterschiedlichen Wettbewerben

Hamburger SV	
Gründung	29. September 1887
Mitglieder	71 808
Stadion	Imtech Arena (57 000)

Heim **Auswärts**

Bekannte Sp

Uwe Seeler
Willi Schulz
Charly Dörfel
Manfred Kaltz
Horst Hrubesch
Kevin Keegan
Felix Magath

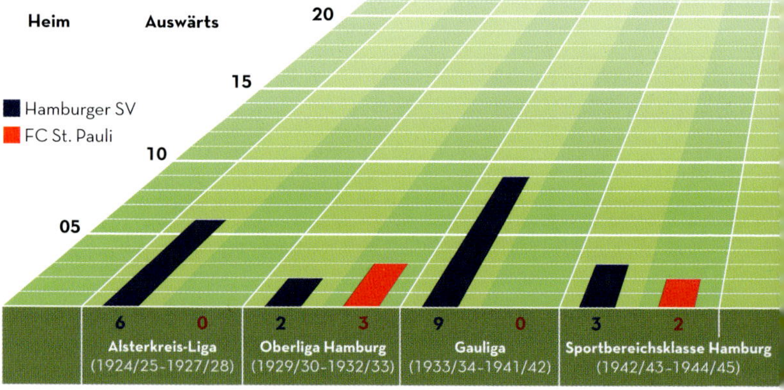

■ Hamburger SV
■ FC St. Pauli

20

15

10

05

6	0	2	3	9	0	3	2
Alsterkreis-Liga		**Oberliga Hamburg**		**Gauliga**		**Sportbereichsklasse Hamburg**	
(1924/25–1927/28)		(1929/30–1932/33)		(1933/34–1941/42)		(1942/43–1944/45)	

Torverhältnis in
Bundesliga-
begegnungen

FC St. Pauli

Gründung	15. Mai 1910
Mitglieder	15 191
Stadion	Millerntor-Stadion (29 063)

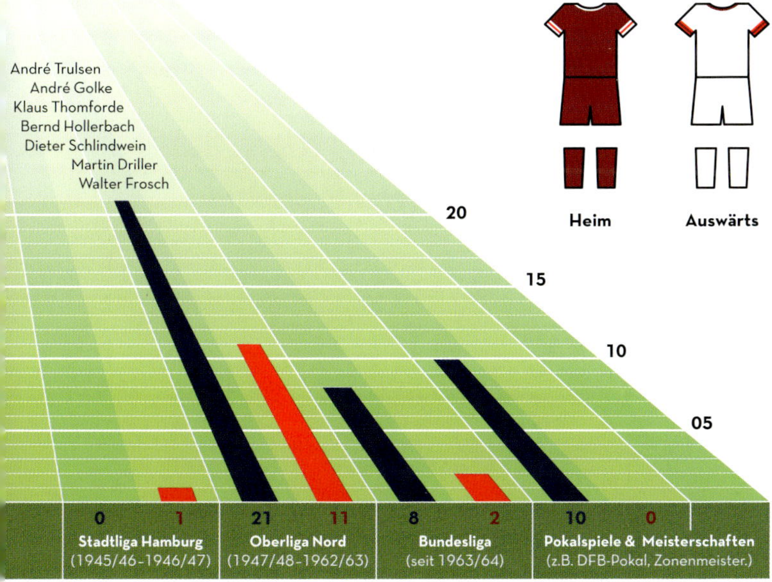

André Trulsen
André Golke
Klaus Thomforde
Bernd Hollerbach
Dieter Schlindwein
Martin Driller
Walter Frosch

20

15

10

05

Heim   Auswärts

0	1	21	11	8	2	10	0
Stadtliga Hamburg (1945/46–1946/47)		**Oberliga Nord** (1947/48–1962/63)		**Bundesliga** (seit 1963/64)		**Pokalspiele & Meisterschaften** (z.B. DFB-Pokal, Zonenmeister.)	

Bundesligisten

Die Hamburger Topmannschaften der Frauen und Männer
und die Anzahl der gewonnenen Meisterschaftstitel

● Anzahl Meisterschaftstitel

Frauen	Männer

Fußball

(kein Hamburger Frauen-
Fußballverein war je
Deutscher Meister)

Hamburger SV
●●●●●● ('23, '28, '60, '79, '82, '83)

Handball

SC Union 03 Hamburg
●● (Hallenmeister '68, '72)
1996 Umbenennung in SG Altona

SV Polizei Hamburg ●●●● ('50–'53)
HSV Hamburg ● (2011)

Volleyball

(kein Hamburger Frauen-
Volleyballverein war je
Deutscher Meister)

Hamburger SV
●●●●●● ('76, '77, '85, '86, '87, '88)

	Frauen		**Männer**

American Football

Hamburg Amazons
●● (2004, 2005)

Hamburg Blue Devils
●●● (1996, 2001, 2002, 2003)

Hallenhockey

Uhlenhorster HC
● (2014)

Uhlenhorster HC
●● (1964, 2002)

Feldhockey

Uhlenhorster HC Hamburg
●●● (1963, 2009, 2011)

Klipper THC Hamburg ● (1952)
LSV Hamburg ● (1944)

95

Sportarten

Die beliebtesten Sportarten nach Anzahl
der Vereinsmitglieder

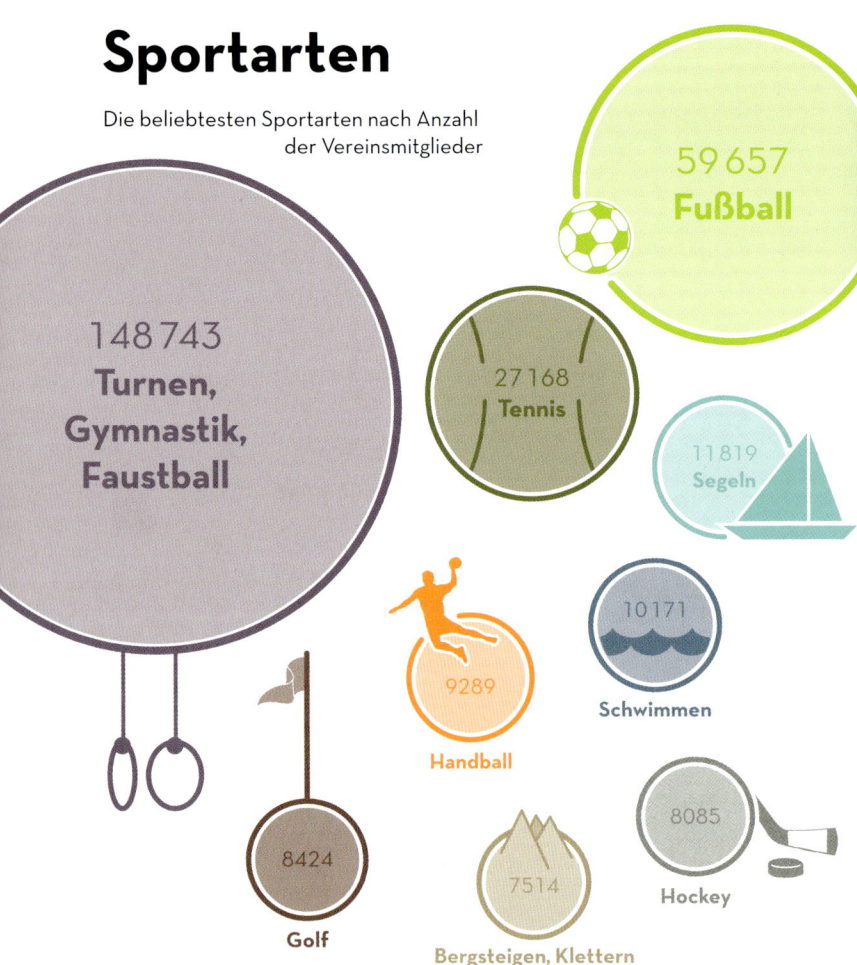

59 657
Fußball

148 743
Turnen,
Gymnastik,
Faustball

27 168
Tennis

11 819
Segeln

10 171
Schwimmen

9289
Handball

8085
Hockey

8424
Golf

7514
Bergsteigen, Klettern

Sportstätten

Die wichtigsten Sportanlagen Hamburgs

VOLKSBANK ARENA
Ballsport- und Eissporthalle
Trainingsstätte Hamburg Freezers und HSV Handball

O2 WORLD
Eventhalle für Konzerte und Sportereignisse
Heimspielstätte Hamburg Freezers und HSV Handball

IMTECH ARENA
Fußballstadion
Heimstadion des HSV

BEACHCENTER
Beach-Hallen Anlage

JAHNKAMPFBAHN
Leichtathletikanlage

TRABRENNBAHN BAHRENFELD
Pferderennbahn

EVENDI ARENA
Footballstadion
Heimstadion der
Hamburg Blue Devils

TENNISANLAGE ROTHENBAUM
Eine der ältesten Tennisanlagen
Austragungsort der inter-
nationalen Masters Series

DERBYPARK KLEIN FLOTTBEK
Pferderennbahn

MILLERNTOR STADION
Fußballstadion
Heimstadion des
FC St. Pauli

HORNER RENNBAHN
Pferderennbahn

97

Sportevents

Hamburg zählt zu den den erfolgreichsten deutschen
Städten in Sachen Sportevents.

Bewertung nach HWWI-Gesamtranking
Sportstadt 2010

Große Events im Jahr 2014

JANUAR

11 Hallen-
12 masters 2014
13 (Fußball)

16 Deutsche
17 Curling-
18 Meisterschaft

FEBRUAR

8 53. Hallen-
9 Endrunde
10 (Hockey)

MÄRZ

APRIL

9 German
10 Open
11 Taekwondo
12 Final 4 um
13 den DHB-
14 Pokal
15 (Handball)

MAI

4 29. Hamburg
5 Marathon

11 Basket Bowl

28 Smart Beach
29 Tour 2014
30 (Beach-
31 volleyball)

JUNI

1 Deuts
2 Spring
3 Dress
4 derby

7 HT16
8 Judo

13 10. D
14 boot

21 HSH
22 bank
23 Hafer

27 Bere
28 Polo
29 Hell
30 mar

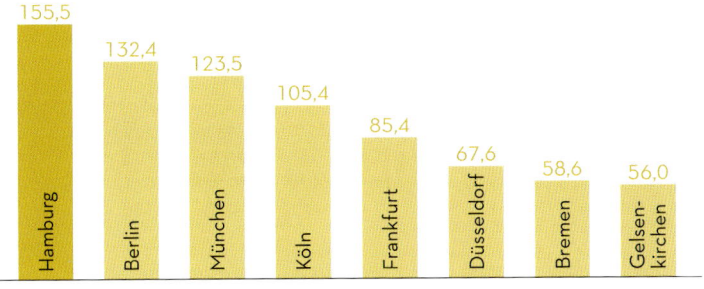

155,5	132,4	123,5	105,4	85,4	67,6	58,6	56,0
Hamburg	Berlin	München	Köln	Frankfurt	Düsseldorf	Bremen	Gelsen-kirchen

ULI

1
2 Derby-
3 Meeting
4 2014
5 (Pferde-
6 sport)
7 Deutsche
8 Meister-
9 schaft
10 Freiwasser-
11 schwimmen
12 ITU World
13 Triathlon
14 Bet-At-
15 Home Open
16 (Tennis)
17
18
19
20
21
22
23
24
25
26 5. Men's
27 Health
28 Urbanathlon
29
30
31

AUGUST

1
2 24 Stunden
3 Regatta
4
5
6
7 FISA Junioren
8 Weltmeister-
9 schaft
10 (Rudern)
11 22.
12 Hamburg
13 Summer
14 Classics
15 (Segeln)
16 Enter the
17 Dragon -
18 das Drachen-
19 bootfestival
20
21 Vattenfall
22 Cyclassics
23
24
25
26
27 Wake
28 Masters
29 2014
30 12. Blanke-
31 neser Hel-
denlauf

SEPTEMBER

1
2
3
4
5
6
7 Int.
8 Alsterlauf
9 31. GP der
10 Haspa HH-
11 Volksdorf
12 (Radsport)
13
14 31. Int.
15 Airport Race
16 (10 Meilen
17 Rennen)
18
19
20 HEK Halb-
21 marathon
22 2014
23
24
25
26
27
28 24. Volkslauf
29 Alstertal
30 Halbmarathon

OKTOBER

1 Köhlbrand-
2 brückenlauf
3 2014
4 Hamburg
5 Gymnastics
6
7
8
9
10
11
12
13
14
15
16
17
18
19
20
21
22
23
24
25
26
27
28
29
30
31

NOVEMBER

1
2
3
4
5
6
7
8
9
10
11
12
13
14
15
16
17
18
19
20
21
22
23
24
25
26
27
28
29
30

DEZEMBER

1
2
3
4
5
6
7 22. Nikolaus-
8 regatta
9
10
11
12
13
14
15
16
17
18
19
20
21
22
23
24
25
26
27
28
29
30
31

Sport & Erholung am Wasser

Hamburg bietet für seine „Wasserratten" unzählige Möglichkeiten, sich auszutoben. Die Behörde für Stadtentwicklung und Umwelt rät allerdings vom Baden an den Elbstränden ab. Flussaufwärts in den Nebenarmen der Elbe und abseits der großen Wasserstraßen darf hingegen gebadet werden.

Internationale Bootsmesse „hanseboot"
(Okt./Nov., auf d Messegelände

ELBE

Wassersport

● Segelclubs, Segelschulen, Motorboote
● Rudern, Kanu, Kajak (Bootsverleih)
● Windsurfen
● Stand Up Paddling (SUP)
● Kiten (Kite-Schule)

Elbstrand

Bademöglichkeiten

● Schwimmbäder (Halle oder im Freien)
● Strände, Badeseen, Naturbäder

FKK-Sommerbad
Volksdorf

Kanu, Kajak
auf dem Alsterlauf

**Kanu, Kajak,
Ruder- und Tretboote**
zwischen Außenalster und Stadtpark

**Segeln, Rudern,
Ruder- und Tretboote**
auf der Außenalster

Angeln
*Glinder Au
und Bille*

Paddeln
*Gose-Elbe
und Dove-Elbe*

Wasserski
Neuländer See

Windsurfen
*Hafen Oortkaten,
Hohendeicher See*

Eisbaden im Winter
Hohendeicher See

ALSTER

ELBE

Da muss ich einmal
gewesen sein!

Tierpark Hagenbeck

25 Hektar Gesamtfläche
29 bedrohte und seltene Tierarten
41 000 Euro Gesamtkosten pro Tag
3000 Euro tägl. Futterkosten
1 Mio. Besucher jährlich
130 Vollzeitstellen **200** Saisonangestellte

im Tropen-Aquarium:
8000 Quadratmeter
19 Seewasserbecken
2 Mio. Liter Salzwasser
10 Süßwasserbecken
31 000 Liter Süßwasser

Geschichte des Tierparks

1850 — 1900

1866
Der Sohn, Carl Hagenbeck, übernimmt
das Geschäft und eröffnet **„Hagenbeck's Thierpark"**.

1907
**eröffnet Hagenbeck
den ersten gitter-
losen Tierpark der
Welt** in Stellingen
(Hamburg), Heinrich
und Lorenz Hagen-
beck führen das
Geschäft weiter

1863
G. Cl. Carl Hagenbeck
betreibt Tierhandelsgeschäft

1887
Carl Hagenbeck
eröffnet Zirkus

1848
Fischhändler Gottfried Claes
Carl Hagenbeck zeigt
6 Seehunde in St. Pauli

1875
„große Völkerschauen"
(Menschen versch. Her-
kunft werden ausgestellt)

1896
**erste gitterlose
Freianlage der Welt** und
transportables Freigehege

Tierpark und Tropen-Aquarium

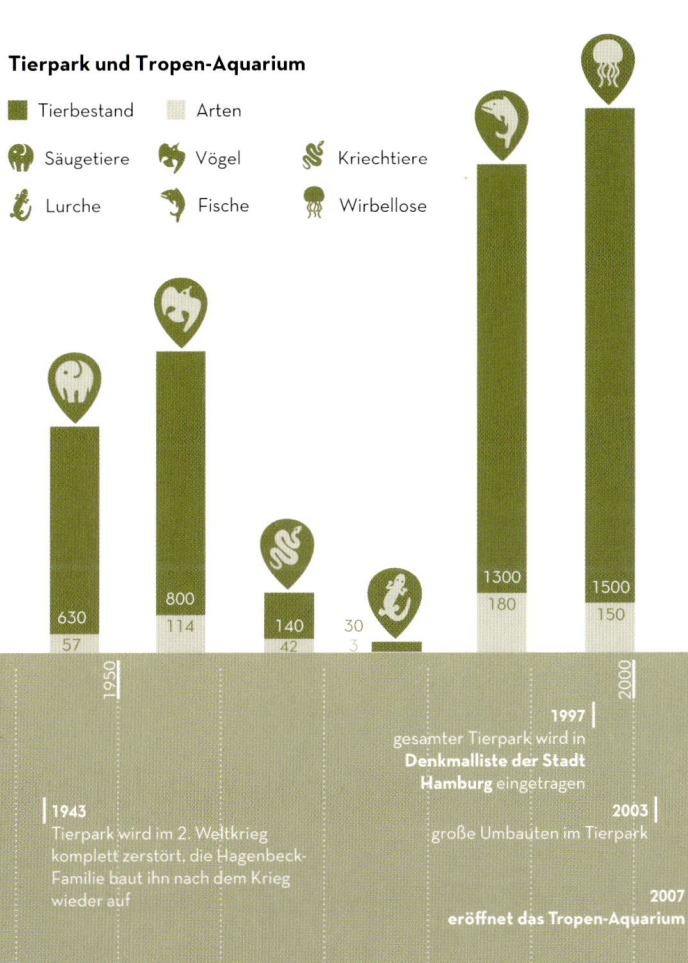

Tierbestand   Arten

Säugetiere   Vögel   Kriechtiere

Lurche   Fische   Wirbellose

630
57

800
114

140
42

30
3

1300
180

1500
150

1950

2000

1997
gesamter Tierpark wird in
**Denkmalliste der Stadt
Hamburg** eingetragen

1943
Tierpark wird im 2. Weltkrieg
komplett zerstört, die Hagenbeck-
Familie baut ihn nach dem Krieg
wieder auf

2003
große Umbauten im Tierpark

2007
eröffnet das Tropen-Aquarium

100

Sehenswertes

Hamburg ist reich an Attraktionen, darunter findet sich allerdings kein Weltkulturerbe. Das könnte sich ändern: Für drei Orte 🎈 wird derzeit eine Nominierung angestrebt.

A Hafen

B Landungsbrücken

C Fischauktionshalle
heute Veranstaltungsort

D Miniatur Wunderland
Modelleisenbahnanlage

E Rickmer Rickmers
Museumsschiff

F Jungfernstieg

G St. Michaelis
Der Michel

I Kunsthalle

H Museum für Kunst und Gewerbe

Hamburger Sternwarte
Bergedorf

Jüdischer Friedhof

F
I
H
J
G
B
D
C
E
L
A

Kontorhausviertel
und Speicherstadt

Dat lüttche Nokixel

Kleines Lexikon auf Platt

Schietbüddel

Kujampelwoter

Pütz

Mettenmohrs

Kauliest

Sabbelknoken

Leuwagen

Schlackermaschü

Pottenliecker

Jöökappeln

QUELLEN

1 landesrecht.hamburg.de
  (Stand 13.12.2013)
2 hamburg.de
3 hamburg.de
4 Hamburger Abendblatt
5 hamburg.de, Wikipedia
6 hamburg.de, Wikipedia
7 metropolregion.hamburg.de
  (2012; Angleichung der Bevöl-
  kerungszahlen durch Zensus 2011)
8 wetterdienst.de
9 hamburg.de, Behörde für Stadtentwicklung und Umwelt (2013)
10 bsh.de, hafen-hamburg.de
11 hamburg.de, Wikipedia
   geoportal-hamburg.de
12 hamburg.de, ndr.de, Wikipedia
13 hamburg.de, ndr.de, geoportal-ham-
   burg.de, nationalpark-wattenmeer.de
14 lsbg.hamburg.de, leuchtturm-atlas.de,
   elbe-leuchtturm-tag.de, wsv.de
15 emporis.de, Wikipedia
16 lsbg.hamburg.de,
   hamburg-port-authority.de
17 hamburg.de
18 eigene Recherche
19 emporis.de
20 eigene Recherche
21 hamburg.de, ndr.de, bauarchiv.com,
   Wikipedia
22 hafencity.com, elbphilharmonie.de,
   dbz.de
23 hamburg.de
24 hamburg.de, christian-terstegge.de,
   diercke.de, heimatundwelt.de
25 Nationalpark-Atlas Hamburgisches
   Wattenmeer, neuwerk-insel.de
26 hamburg.de

27 uni-hamburg.de, hamburg.de,
   european-heritage.org
28 Wikipedia
29 sturmflut.hamburg.de
30 feuerwehrhistoriker.de, Wikipedia
31 hamburg.de, hh.mehr-demokratie.de
32 hamburg.de, Wikipedia,
   hamburgische-buergerschaft.de
33 hamburg.de
34 bpb.de, piraten-hh.de (Ende 2012)
35 statistik-nord.de, spiegel.de, Wikipedia
36 hamburg.de
37 hamburg.de
38 hamburg.de
39 statistik-nord.de (2012)
40 statistik-nord.de (2012)
41 statistik-nord.de (2012)
42 statistik-nord.de (2012)
43 statistik-nord.de (2012)
44 Polizei Hamburg (2013)
45 statistik-nord.de (2013)
46 wissenschaft.hamburg.de
47 eigene Recherche
48 eigene Recherche
49 wer-zu-wem Firmenverzeichnis
   (2010–2012)
50 Hamburger Abendblatt (2013)
51 airbus.com, hamburg-aviation.de,
   stern.de, walther-blohm-stiftung.de
52 adc.de, wuv.de (2012)
   Webpräsenz der Verlage (2013)
53 Hamburger Abendblatt (2013)
54 statistik-nord.de
55 hafen-hamburg.de,
   Hamburg Port Authority
56 hafen-hamburg.de
57 hafen-hamburg.de, u-434.de,
   rickmer-rickmers.de

58 VDR (2013), hafen-hamburg.de
59 DRV, hafen-hamburg.de
61 schiffslexikon.com, hoch-am-wind.de,
   seemannssprache.com
62 wsv.de, seemannsknoten.info
63 hamburg.de, hafen-hamburg.de,
   eigene Recherche
64 hamburg.de, hhla.de
65 hamburg.de , Wikipedia
66 hvv.de, s-bahn-hamburg.de, hamburg.de
   (Mobilitätsprogramm 2013), Wikipedia
67 hamburg.de
68 Deutsche Post, eigene Recherche
69 airport.de, adv.aero
70 hamburg.de
   (Mobilitätsprogramm 2013)
71 hamburg.de
72 Deutsche Islamkonferenz; EDK;
   Statistisches Bundesamt; SZ;
   Zentralrat der Juden (2011)
73 hamburg-messe.de
   (Geschäftsbericht 2012)
74 hamburg.de, Wikipedia;
   dtv-Atlas Deutsche Sprache,
   Deutscher Taschenbuch Verlag,
   16. Auflage (2007)
75 eigene Recherche
76 hamburg.de, reeperbahn.de,
   eigene Recherche
77 hamburg.de
78 beliebte-vornamen.de (2013)
79 nachname.gofeminin.de
80 hamburg.de, eigene Recherche
81 hamburg.de, eigene Recherche
82 hamburger-tafel.de, gaultmillau.de,
   restaurant.michelin.de (März 2014)
83 eigene Recherche
84 eigene Recherche

85 philharmoniker-hamburg.de, ndr.de,
   hamburgersymphoniker.de, miz.org
   (März 2014)
86 hamburg.de (2013)
87 eigene Recherche
88 ard.de
89 hamburg.de
90 Facebook (Stand 17.03.2014)
91 hamburg.de, yelp.de
92 hamburg.de, Wikipedia
93 bundesliga.de, Wikipedia
   (Stand 18.03.2014)
94 IfoSta, Wikipedia
95 Statistisches Jahrbuch Hamburg
   2012/2013 (Stand 01.01.2011)
96 hamburg-magazin.de
97 hamburg-magazin.de, hamburg.de
98 hamburg.de, eigene Recherche
99 hagenbeck.de, zoodirektoren.de
100 hamburg.de
+1 ndr.de

Die Behandlung einzelner Themen ist zum
Teil eine subjektive Zusammenstellung, da
eine eindeutige Gliederung, Hierarchie oder
Sammlung oft nicht gegeben ist oder nur
schwer nach objektiven Gesichtspunkten
erfolgen kann.

IMPRESSUM

MAIRDUMONT GmbH & Co KG –
VERLAG KARL BAEDEKER

Idee & Konzept: Jan Schwochow, Golden Section Graphics GmbH
Redaktion & Gestaltung: Golden Section Graphics GmbH
Projektmanagement: Annemarie Kurz
Infografiker: Annick Ehmann, Katja Günther, Kamila Olszewska, Katharina Schwochow,
Jan Schwochow, Klaas Neumann, Henning Trenkamp, Mark-Jan Bludau, Erica Willis
Chefredaktion: Rainer Eisenschmid (Baedeker) und Jan Schwochow

1. Auflage 2014
© GOLDEN SECTION GRAPHICS
und MAIRDUMONT GmbH & Co KG; Ostfildern

www.baedeker.com
Printed in China

FSC
www.fsc.org
MIX
Papier aus ver-
antwortungsvollen
Quellen
FSC® C020056